浙江省普通高校"十三五"新形态教材

运动训练

主　审　张秀华
主　编　杨发明
副主编　王金刚　胡　翔　余俊武　李祖昌　陈方川
编　者　（按姓氏笔画排序）
　　　　王金刚　UNITED SPORTS MEDICINE
　　　　李祖昌　宁波市妇女儿童医院
　　　　杨发明　宁波卫生职业技术学院
　　　　余俊武　宁波卫生职业技术学院
　　　　陈方川　宁波市康复医院
　　　　胡　翔　武汉轻工大学

华中科技大学出版社
中国·武汉

内 容 简 介

本书共六章,包括绪论、竞技运动训练、运动训练基础、身体素质训练、临床运动训练和运动医务监督。

本书通过老师布置相应的运动训练任务,让每位学生完全投入到运动训练过程,将学习理论与运动训练实践相结合,达到教学过程中理论与实践的完美效果。

本书可供康复治疗技术、运动康复、运动训练等专业使用。

图书在版编目(CIP)数据

运动训练/杨发明主编. —武汉:华中科技大学出版社,2022.6(2024.8重印)
ISBN 978-7-5680-8240-2

Ⅰ.①运… Ⅱ.①杨… Ⅲ.①运动训练-教材 Ⅳ.①G808.1

中国版本图书馆 CIP 数据核字(2022)第 088062 号

运动训练 杨发明 主编
Yundong Xunlian

策划编辑:	周 琳
责任编辑:	余 雯
封面设计:	廖亚萍
责任校对:	刘 竣
责任监印:	周治超

出版发行:华中科技大学出版社(中国·武汉)　　电话:(027)81321913
　　　　　武汉市东湖新技术开发区华工科技园　　邮编:430223
录　　排:华中科技大学惠友文印中心
印　　刷:武汉开心印印刷有限公司
开　　本:787mm×1092mm　1/16
印　　张:9.25
字　　数:216千字
版　　次:2024年8月第1版第2次印刷
定　　价:32.00元

本书若有印装质量问题,请向出版社营销中心调换
全国免费服务热线:400-6679-118　竭诚为您服务
版权所有　侵权必究

前言
Qianyan

康复医学在中国经过四十年的发展，在康复医学界专家和临床康复工作者的努力下取得了可喜可贺的成绩。也正是他们继续推动着中国康复医学的发展。目前，以本科和高职高专康复治疗技术教学为主的人才培养过程是满足国内临床康复治疗师（士）需求的主要来源，但现状是绝大多数院校的师资相对缺乏，相关的康复教材多样化，没有统一的人才培养方案，没有统一的课程标准，所以培养的临床康复治疗人员也良莠不齐，这要求我们不断去探索如何培养康复治疗人员。

在国内，绝大部分院校没有开设运动训练对应的课程，一是因为师资的匮乏；二是因为没有相关的教材；三是因为没有意识到运动训练对从事康复治疗工作的积极影响。本书第一章的内容就告诉我们运动训练的过程不仅仅是针对从事体育竞技的人群。运动训练的内容与康复治疗技术有着极多的相似之处。

本书的第一个亮点：实训的内容是通过教师布置相应的运动训练任务，让每位学生完全投入运动训练过程，边学习理论，边实践运动训练，从而达到教学过程中理论与实践的完美结合。第二个亮点：学生不但熟悉了竞技体育运动训练的要求，而且也学习了老年人、病伤残人群的运动训练，更加接近临床。第三个亮点：通过本书的学习能拓宽学生的临床康复思维，增进其学习康复治疗技术的信心，让他们切身体会到身体功能的变化过程并能联想到临床康复治疗过程中患者功能变化的过程。

参与本书编写的大部分编者从事临床康复治疗一线工作多年，具有较为丰富的临床康复和科研经验，而且都对体育竞技有着浓厚的兴趣，其中还有从事过体育竞技比赛的国家级退役运动员。同时，我们聘请了国内知名的康复医学界专家担任本书的主审，其给予了很多有建设性的意见。各位编者都希望本书能满足各院校的教学需求，内容实用性强，但是由于水平相对有限，可能存在内容的不足之处，敬请批评指正。

杨发明

目录

第一章　绪论　/ 1
- 第一节　运动训练概述　/ 1
- 第二节　运动训练的方法及意义　/ 5
- 实训一　布置身体素质训练任务　/ 8

第二章　竞技运动训练　/ 13
- 第一节　竞技体育　/ 13
- 第二节　运动成绩与竞技能力　/ 18

第三章　运动训练基础　/ 22
- 第一节　运动处方　/ 22
- 第二节　运动生物化学　/ 31
- 第三节　运动生理　/ 37
- 第四节　运动营养　/ 44
- 第五节　运动性疲劳恢复　/ 52

第四章　身体素质训练　/ 59
- 第一节　体能训练概述　/ 59
- 第二节　身体形态及其训练　/ 61
- 第三节　力量素质及其训练　/ 77
- 第四节　速度素质及其训练　/ 93
- 第五节　耐力素质及其训练　/ 98
- 实训二　评估身体素质训练任务　/ 102

第五章　临床运动训练　/ 107
- 第一节　老年人的运动训练　/ 107
- 第二节　慢性病人群的运动训练　/ 112
- 第三节　功能障碍人群的运动训练　/ 119

第六章　运动医务监督　　　　　　　　/ 124
　　第一节　运动医务监督　　　　　　　/ 124
　　第二节　运动员伤病管理　　　　　　/ 127
　　实训三　总结身体素质训练　　　　　/ 134

参考文献　　　　　　　　　　　　　　/ 140

第一章 绪 论

学习要点

1. 掌握：运动训练的主要任务。
2. 熟悉：运动训练的对象及其各自的特点；竞技体育的特点。
3. 了解：运动训练的方法及意义；运动训练方法的分类。

第一节 运动训练概述

运动训练是通过参与运动强健身体，培养健康积极的生活态度和集体合作精神。一名优秀的运动员在训练和竞技比赛中遭遇失败后能迅速从失败和困境中崛起，失败成为激起他们内心中超越自我的动力，使他们养成一种不畏艰难、积极向上的生活态度。

在康复医学领域，康复医学治疗的目标是通过康复训练使患者重返家庭和社会，而运动训练为康复治疗过程提供了理论依据。康复治疗过程不仅包括软组织伸展性训练、肌肉力量训练、身体平衡协调训练、心肺耐力有氧训练等运动治疗技术，还包括物理因子治疗技术、言语治疗技术、假肢矫形治疗技术等。与力学有关的康复治疗方法应该是以竞技运动训练为基础，并指导临床的康复治疗，对于提高临床康复治疗效果具有重要的意义。

一、概述

1. 运动训练学理论 运动训练学理论分为一般训练理论、项群训练理论和专项训练理论三个层次。从理论学习的角度，人们在谈及运动训练时，通常指超出专项范围，阐明运动训练基础理论和运动训练过程中带有共性及普遍性问题的理论体系，即一般训练理论。运动训练学与专项训练理论之间有着紧密的联系，运动训练学源于专项训练理论，以专项训练理论为基础，从各专项训练理论中总结出带有广泛适用性的共性规律，使其上升为对不同运动训练活动具有普遍指导意义的理论。

2. 运动训练学主要任务

(1) 从众多专项的训练实践中总结出带有普遍意义的共性规律。

(2) 探索尚未被人们所认识或认识还不十分清楚的运动训练规律。

(3) 研究运动训练，进一步健全运动训练理论和内容体系。

（4）广泛吸取现代科技成果和多学科理论与方法，应用于运动训练学的理论研究和实践应用之中。

（5）运用运动训练学的基本理论指导各项训练实践。

二、运动训练对象

运动训练适用于任何人群。随着人类文明的发展，人们认识到健康生活的重要性。大体可以把运动训练的对象分为三类：竞技体育人群、预防保健人群和临床运动训练人群，这三类人群的运动训练都以专项运动训练理论为基础。

（一）运动训练与竞技体育人群

1. 运动训练对竞技体育的影响　早在原始人类生活中，便已经出现以获得胜利为特点的古朴的体育比赛形式，这种活动形式经过古代的长期发展，内容更加丰富多彩，不少项目已略具雏形，为近代运动打下了基础。在整个近代体育领域中，比赛活动获得了越来越大的独立性，并被命名为竞技体育。

在当代，越来越科学化的运动训练影响着竞技体育的不断发展，其理论原则和实践训练方法日渐成熟。竞技体育影响不断扩大，逐渐成为一个遍及社会各阶层的特殊社会现象，运动训练在理论和实践上产生了根本的变化。运动训练过程被看作是一个有目的地对运动员的训练和比赛活动调节与控制的过程，在这个过程中将直接应用现代复杂自动控制系统的理论和方法，用科学的方法对未来的世界纪录和最高运动技术水平进行预测，根据预测结果建立未来运动技术模型，并把它确定为长期的运动训练的目标，然后，根据竞技体育的要求，建立优秀运动员的模型。这个模型一经建立，运动训练实际上就成为不断向模型靠拢的过程，运动员可以通过多种训练途径，运用各种训练方法有效地使自己的状态按预期目标发展，最终实现目标，在预期的时间创造出优异的运动成绩。

2. 竞技体育的特点

（1）可以充分调动和发挥运动员的体力、智力、心理等方面的潜力。

（2）具有激烈的对抗性和竞赛性。

（3）参加者需有充沛的体力和高超的技艺。

（4）应按照统一的规则比赛，具有国际性，比赛成绩具有公认性。

（5）娱乐性：当今世界所开展的竞技运动项目是社会历史的产物。早在公元前700多年的古希腊时代，就出现了赛跑、投掷、角力等项目，发展至今已有数百种之多。普遍开展的项目有田径、体操、篮球、排球、足球、乒乓球、羽毛球、举重、游泳、自行车等。各国、各地区还有自己特殊的民族传统项目，如中华武术，东南亚地区的藤球，西亚地区的卡巴迪等。其发展与国家、地区的政治、经济、文化教育、科学技术等密切相关。

（6）观赏性：随着社会的不断发展，竞技体育已经发展得越来越成熟、越来越规范，而随着各种运动的不断普及，喜爱和观看竞技运动的人也逐渐增多，让不同的运动都能长盛不衰，呈现出百花齐放的局面。

（7）具有一定的教育意义：竞技体育对普及全民健身，发掘更多的体育人才，培养青少年的兴趣具有重要的教育意义。

（二）运动训练与预防保健人群

运动训练原则是对其客观规律的反映，也是参与者安排训练计划、选择训练内容、运用训练方法必须遵循的基本准则。运动训练对预防保健人群的影响是通过以下五项原则实现的。

1. 自觉积极原则　运动训练者有明确的训练目标，充分认识运动训练的价值，自觉积极地从事运动训练活动。运动训练是一个自我锻炼、自我完善，并需要克服自身的惰性，战胜各种困难的过程。同时，还要有一定的作息制度做保证，把运动训练当作生活中不可缺少的一部分，才能奏效。提高运动训练的自觉积极性有以下几个方法。

（1）明确"生命在于运动"的科学道理：树立正确的训练目的，把运动训练当作日常学习和生活的自觉需要，激发训练的主动性，从而调动训练的积极性。

（2）培养兴趣：兴趣是人们认识事物和从事活动的倾向。当一个人对一项运动训练活动产生兴趣时，就会对这项运动训练活动表现出极大的主动性和自觉性，做到身心融为一体。

2. 讲求实效原则　选择训练内容、方法和安排运动负荷时，应根据个人的性别、年龄、职业、健康状况，对训练的爱好、要求和原有的基础，以及生活条件等实际情况来确定，按科学方法进行训练，以取得最佳的训练效果。

（1）根据个人实际情况，制订一套适用、可行的训练计划，执行时应当严格，并注意阶段性的调整。

（2）选择训练内容时，要注意它的训练价值，不要只追求动作的形式，以及在力所不能及的情况下去从事高难度技术动作的训练，而应选择简便易行、训练价值大、效果好的身体训练，作为运动训练的主要内容。

（3）安排运动负荷时，以训练者能承受和克服的难度，一般以自我感觉舒适和不影响正常学习、工作和生活为准。

3. 持之以恒原则　运动训练必须经常进行，使之成为日常生活中的重要内容。运动训练过程不断地刺激机体，每次刺激都产生一定的适应机制，连续不断地刺激作用将产生痕迹的积累。这种积累使机体结构和机能产生新的适应，体质就会不断增强，动作技能形成的条件反射也会不断得到强化。因此，运动训练贵在坚持，不能设想在短时间内取得显著效果，必须经过长久的积累。

（1）确立目标：确立一个能够实现的运动训练目标，制订一个切实可行的训练计划，持之以恒。

（2）强化训练意识：把运动训练列为日常生活内容，保证定期有一定的运动训练时间，逐步养成习惯，使运动训练成为生活的重要组成部分。

（3）合理安排频率：运动训练的效果并非一劳永逸，如果训练间隔时间过长，效果就会不明显。因此，要合理安排训练间隔。

4. 循序渐进原则　运动训练必须遵循人体自然发展、机体适应的基本规律，从实际出发，合理安排运动负荷，在渐进的基础上提高训练水平。在运动训练过程中，运动负荷的大小直接影响人体机能的变化，负荷是否适宜对训练的效果起着重要的作用。运动负荷的大小因人、因时而异。即便是同一个人，在不同的机能状态、不同的时间，对负荷的承受能力也不尽相同。因此，进行运动训练时应循序渐进，随时调整运动负荷，逐步提高训练水平。

（1）运动训练忌急于求成，必须根据训练者自身的实际情况确定运动负荷的大小，做到量力而行，尤其要注意训练后疲劳感的程度。

（2）运动负荷应由小到大，逐步提高。开始从事运动训练或中断运动训练后恢复训练时，强度宜小，时间宜短，密度应适宜。

（3）注意提高人体已经适应的运动负荷，使身体机能保持不断增强的趋势。一般应在逐步提高"量"的基础上，逐渐增大训练强度，使之感到胜任的愉快，然后做相应的调整。随时加强自我监督，密切注意身体机能的不良反应。

（4）开始训练时，重视准备活动；结束训练后，做好放松整理活动。

（5）缺乏一定运动训练基础的人，或中断运动训练过久的人，不宜参加紧张激烈的比赛活动。

5. 全面性原则　运动训练必须追求身心全面和谐发展，使身体形态、机能、身体及心理素质等方面得到全面协调的发展。人体是由各个局部构成的一个整体，运动训练能促进新陈代谢，使身体各系统、组织、器官协调完成各种生理功能，促进身体健康发育。

（1）身心的全面发展，要从适应环境、抵御疾病的能力、改善机体形态、提高机体功能、陶冶情操和丰富文化生活等方面开始。

（2）运动训练的内容、方法要尽可能考虑身体的全面发展，一般以一些功效大、兴趣较浓的训练项目为主，以其他项目为辅进行全面锻炼。

（3）注重全身参与的活动，不要仅限于局部。

（4）在全面训练的基础上，有目的、有意识地加强专业实用性的运动训练。

（三）运动训练与临床运动训练人群

康复医学主要是通过医学手段治疗独立生活有困难的躯体性残疾患者，使其功能最大限度地得到恢复，帮助他们回归社会。康复医学的主要服务对象是一些暂时或永久的残疾患者，即外伤或疾病后遗留功能障碍，生活自理和就业能力暂时或永久减弱或丧失以至独立生活有困难的残疾患者。主要包括以下四种人群。

1. 急性伤病及手术后的患者　包括医院内和医院外所有存在功能障碍者。

知识拓展
1-1

2. 各类残疾患者　残疾指各种损伤和先天性异常所造成的暂时或永久的功能障碍，分为永久性残疾和暂时性残疾。永久性残疾是指残疾状态持续12个月及以上，反之则为暂时性残疾。世界卫生组织（WHO）将残疾依据功能障碍的不同水平分为残损、残疾、残障三类。残损是心理、生理、解剖结构或功能的任何丧失或异常，可能是暂时性的或永久性的，常包括畸形、缺损或丧失肢体、器官、组织或身体的其他结构，原则上残损反映器官水平的失调。残疾是能力的受限或缺乏，使之不能以正常方式或在正常范围内进行活动，残疾是个体水平上的失调。残障是由于残损或残疾使一个人在适应社会的能力上出现障碍，残障是社会水平上的障碍。

3. 慢性病患者　患者因各种慢性病及并发症所造成的器官功能减退或功能障碍。

4. 老年患者　患者组织器官随年龄的增长而功能逐渐减退。

第二节 运动训练的方法及意义

一、概述

运动训练方法是指在运动训练活动中提高竞技运动水平,从而完成训练任务的途径和办法,包括教练员的"训"和运动员的"练",是教练员和运动员在双边活动中共同完成的任务和方法。由于运动训练适合各种人群,所以运动训练针对预防保健人群的目的不是提高竞技运动水平,而是达到健康锻炼的目的;而对于有功能障碍的残疾人来说,运动训练的目的主要是提高其日常生活活动能力及社会参与能力。

科学的运动训练对推动各项竞技运动整体发展水平起着巨大的作用,而竞技运动训练又是预防保健人群健康锻炼以及临床运动训练人群功能训练的基础。因此,正确地认识和掌握不同的运动训练方法,有助于顺利地完成运动训练过程中不同时期的训练任务,有助于有效地控制竞技运动能力、提高健康水平和促进功能障碍的恢复。

二、运动训练的方法

(一)运动训练方法的构成

运动训练方法包括训练内容及其组合方式、训练负荷及变化规律、训练安排及变化方式、训练辅助手段、外部因素及变化方式等。

1. 训练内容及其组合方式 运动训练的内容是根据训练目标设置的,竞技运动训练的目标是逐渐提高训练的水平,使训练者能在身体、心理和环境允许的情况下,逐渐适应高强度的比赛。如百米短跑运动员需要接受和短跑有关的身体机能及技能的训练,包括负荷跑、快速高抬腿跑、肌群的力量训练、爆发力训练等。预防保健人群和临床运动训练人群应该根据其自身条件和兴趣爱好选择相应的运动训练方式。

2. 训练负荷及变化规律 在科学的训练下,运动训练的负荷一定是呈递增的趋势,随着运动成绩的提高,运动技能和身体机能的调动能力也逐渐提高。

3. 训练安排及变化方式 运动训练过程中,训练者的机体会出现一定规律的变化,加入科学的运动训练,这种变化规律会朝预期的结果发展,如果运动训练偏离了科学的训练安排,则易导致伤病,使其运动能力下降。如在科学的运动训练指导下,能正确地安排每次训练之间的间隙,给训练者充分的恢复过程。

4. 训练辅助手段 运动项目有很多种,不同的运动项目有着不同的运动训练规律。在每种训练项目的实施过程中,训练指导者可以灵活地选择不同的手段,给予训练者科学的刺激和负荷。如跳水运动员在训练时要给予足够的空中及落地保护。

5. 外部因素及变化方式 外部因素主要包括训练环境因素、训练指导者的水平、家庭因素、运动膳食等。

(二)运动训练方法的分类

运动训练方法具有多样性的特点,有些方法具有广泛的适用性,运动训练方法的选择是根据竞技能力的发展和不同人群的健康及社会、家庭的适应能力来确定的。单项运动训练的整个过程与练习动作、负荷强度、讲解、示范、场地、设备和器材等相关。

1. 竞技运动训练方法的分类　分为整体控制方法和具体训练方法。

(1) 整体控制方法：包括模式训练法和程序训练法，前者是一种按目标模型的要求把握训练过程的控制性方法；后者是按照训练过程的时序性和训练内容的系统性，将训练内容按预定程序进行科学控制的方法。

(2) 具体训练方法：包括高原训练法、完整训练法、分解训练法、持续训练法、间歇训练法、重复训练法、变换训练法、循环训练法及比赛训练法。各个训练方法也可混合运用，如运用高原训练法时，在 2400～3000 m 高度采用持续训练法，或者在 2000～2300 m 高度采用持续、重复训练法，或者在 1800～2000 m 高度采用持续、间歇、重复训练法。

高原训练法的组织形式有三种。第一种是重大比赛之前的阶段性高原训练，即比赛前的一段时期，始终在高原地带进行训练，持续 40 天左右；第二种是指重大比赛前的一段训练时期，多次往返在高原及平原地带进行训练，每次高原训练时间 2 周左右，平原训练大约 5 天。高原训练的目的是提高训练量，平原训练是为了提高强度；第三种是指依次梯度变换高原地带进行训练，如：先 1400 m 高度，然后 1600 m、1800 m、2000 m、2200 m 等高度进行训练，再依次返回原地训练。

2. 预防保健人群运动训练方法的分类　分为全身耐力训练、力量训练和柔韧性训练。

(1) 全身耐力训练：着重于长时间持续性的运动，包括长跑、游泳、骑自行车、登山、打太极拳等，主要目标是增强心肺功能，增强有氧运动能力，使身体适应长时间的有氧运动。

(2) 力量训练：着重于训练肌肉对抗外部施以的重量或阻力，针对性地给予各部位肌群适当的负荷训练，主要目标是增加肌肉收缩强度，增大肌纤维的横截面积。

(3) 柔韧性训练：针对一般人群的柔韧性训练的方法有瑜伽和普拉提。

3. 功能障碍人群运动训练方法的分类　对有功能障碍的人群来说，运动训练的确是非常好的康复治疗方法，主要是因为康复治疗要求患者能积极主动地参与功能恢复的全过程。在功能障碍的康复实施过程中，要求康复治疗指导者能帮助功能障碍人群完成被动运动、辅助运动和主动抗阻运动。

(1) 被动运动：功能障碍严重的患者没有办法自己主动完成正常的运动训练，完全依靠外力帮助来完成。外力可以是机械的，也可以是由他人或本人健康肢体的协助，被动运动的肢体肌肉应放松，利用外力固定关节的近端和活动关节的远端，根据病情需要尽量做关节各方向的全幅度运动，适用于各种原因引起的肢体运动功能障碍，能起到放松痉挛肌肉，牵引挛缩的肌腱、关节囊和韧带，恢复和保持关节活动幅度的作用。其中由康复治疗者完成的治疗过程，不属于运动训练的范畴。

(2) 辅助运动：在运动训练指导者指导或辅助器械的帮助下，由功能障碍人群主动完成的运动训练，必须要求被训练者积极主动参与。如在沙袋和定滑轮的帮助下，患者完成肢体的抬高。

(3) 主动抗阻运动：主动抗阻运动是肌群完成的等张收缩、等长收缩、等速收缩训练,是肌耐力和肌力训练的过程。如右侧肩关节外展肌群肌力可进行以下训练。

每次训练2～4组,第一组为20%×10 RM的负荷;第二组为50%×10 RM的负荷;第三组为75%×10 RM的负荷;第四组为100%×10 RM的负荷。每组训练的频率以训练者主观判断疲劳为度,一般每组重复不超过15次。每周训练3～5天,每天1次。

肌力训练注意事项:①肌力训练24 h后会引起一定的肌肉疲劳,应有一定的休息时间,根据患者训练情况及时调整运动量;②肌肉的轻微酸痛属正常反应,适当调整运动量后,肌肉酸痛会好转。如肌力训练引起患者训练肌肉的明显疼痛,则应减少运动量或暂停训练;③对有心脑血管疾病的患者应该严防意外发生。

三、运动训练的意义

(一)运动训练在竞技体育人群中的意义

竞技体育是指最大限度地挖掘和发挥运动员体能、心理、智力等方面的潜力,以攀登竞技运动技术高峰和创造优异的成绩为主要目的的一种运动活动。

(1)科学的运动训练能激励运动员挑战自我,超越自我,并在胜利中体验征服之美、在失败中咀嚼悲壮之美、在竞争中获取愉快之美、在发展中追求和谐之美。竞技体育是体育系统中体现美的价值的表现形式,它追求的是一种超越功利的、美好的精神境界。

(2)竞技体育还激励着所有人对竞技运动的热爱,激励着大家拼搏、勤奋地工作、保持对生活和学习的热情,激发人民的爱国之情和民族自豪感,鼓舞大家战胜困难,奋发向上。

(二)运动训练在预防保健人群中的意义

预防保健人群运动训练可以促进其身心健康地发展。

(1)促进身体健康:科学的运动训练可以促进身体各个系统和器官功能的健康发展。幼儿时期和青少年时期科学的运动训练可以提高训练者的身体抵抗力,发展其各方面能力,包括身体的平衡协调能力、神经精神的智能化发育、各个内脏器官的功能等;中老年人科学的运动训练可以延缓其机体的衰老,保持身体的抵抗力,维持器官系统的功能,如减少和预防高血压、糖尿病、高脂血症、痛风、心脏病、呼吸系统疾病、骨质疏松症等慢性疾病的发作。

(2)促进心理健康:青少年的科学运动训练可以减少各种矛盾的激化,如性发育成熟与性心理幼稚的矛盾;思维的独立性、批判性、创造性与看问题的片面、好奇、敏感、争强好胜、感情脆弱、缺乏意志力的矛盾;生理上迅速发育与心理发育滞后的矛盾;憧憬未来、富于理想与知识贫乏、缺乏辨别是非能力的矛盾;独立自主性与被动依赖性的矛盾;闭锁性与社会交往的强烈矛盾等。同时还能减轻中年人的工作及生活压力,由于工作和生活的压力给社会和家庭带来非常大的负担,科学的运动训练可以舒缓这些压力,使人们在运动中尽情享受运动带来的愉悦,忘掉工作和生活的烦恼,避免时刻处在高压的生活和工作中;老年人在科学的、健康的运动训练中可以交到很多朋友,忘掉孤独,享受到运动过程中的快乐,达到延年益寿的目的。

(三)运动训练在功能障碍人群中的意义

针对功能障碍的运动训练过程就是康复治疗过程。针对不同的功能障碍程度,康复治疗的方法有很多种。其意义如下。

(1)预防患者新的障碍的发生与发展,包括积极预防肌肉萎缩、关节僵硬、压疮等。

(2)维持患者心肺及局部循环功能,促进其功能障碍的恢复,降低致残率。

(3)提高患者生活质量,恢复患者生活自理能力,减轻家庭和社会负担,并使其能早日回归家庭和社会生活。

知识拓展
1-2

思考题
答案

思考题

1. 运动训练的对象包括哪些?
2. 简述预防保健人群的运动训练的意义。
3. 简述临床运动训练的意义。

实训一　布置身体素质训练任务

【技能目标】

(1)能对自身的某一项身体素质有足够的了解。

(2)学会对相应身体素质的训练。

(3)学会对身体素质的评定方法。

【场地及设备】

场地:实训室、操场。

设备:PT训练床、沙袋、哑铃、皮尺、角度尺、体重秤、秒表以及相关单项训练所需要的体育器材、设备等。

【实训方式】

(1)由老师做示范性训练,指出训练的要点和重要性。

(2)将学生按训练的相关内容分为若干组,每组学生选择相同的训练内容,训练内容包括肌力训练(让学生自己选择某一组肌群)、肌耐力训练(可选择某一肌群的重复耐力、长时间保持的耐力和心肺耐力)、柔韧性训练(关节活动度)、控制体重训练、单项素质训练(包括100 m计时跑、400 m计时跑、跳远、立定跳远、铅球等)。

(3)老师按照相关的训练项目指导学生,要求每组学生明白训练的目的、意义和训练方法,确保每位学生明白怎么去训练,能完成训练任务。

(4)要求每组间学生相互操作训练、相互监督、认真填写"身体素质训练记录"(表1-1)。

(5)老师每周定期监督,随时纠正互相检查过程中出现的各种错误。

表 1-1　身体素质训练记录

姓名：　　　　学号：　　　　班级：

周次	日期	训练项目 原始记录		训练过程记录情况 （详细记录每天训练的强度、 时间、次数、组数及疲劳情况）	训练后感觉
1st					
2nd					
3rd					
4th					
5th					
6th					

【实训内容与方法】

（一）肌力训练

1. 肌力训练方法

（1）选择肌群：选择肌力训练的一组学生，每位学生选择自身的一组肌群，包括肩关节内收肌群、外展肌群、屈曲肌群、后伸肌群、内旋肌群、外旋肌群；肘关节屈曲肌群、伸直肌群；四指握力；髋关节屈曲肌群、后伸肌群、内收肌群、外展肌群、内旋肌群、外旋肌群；膝关节伸直肌群、屈曲肌群；踝关节、躯干肌群等。

（2）测出相应肌群的 10 RM（10 次最大重复）。

（3）训练过程：选择渐进抗阻训练或渐减抗阻训练。

①渐进抗阻训练：每次训练 2～4 组，第一组为 20％×10 RM 的负荷；第二组为 50％×10 RM 的负荷；第三组为 75％×10 RM 的负荷；第四组为 100％×10 RM 的负荷。每组训练的频率以学生主观判断疲劳为度，一般每组重复不超过 15 次。

②渐减抗阻训练：每次训练 2～4 组，第一组为 100％×10 RM 的负荷；第二组为 75％×10 RM 的负荷；第三组为 50％×10 RM 的负荷；第四组为 20％×10 RM 的负荷。每组训练的频率以学生主观判断疲劳为度，一般每组重复不超过 15 次。

（4）训练频率：每周训练 3～5 天，每天 1 次。

2．肌力训练注意事项

（1）每次肌力训练 24 h 后会引起一定的肌肉疲劳，应有一定的休息时间，根据训练者训练情况及时调整运动量。

（2）训练 24 h 后肌肉的轻微酸痛属正常反应，适当调整运动量后，肌肉酸痛会好转。如肌力训练引起训练者训练肌肉的明显疼痛，则应减少运动量或暂停。

（3）对有心脑血管疾病的学生应该严防意外发生。

（二）肌耐力训练

1．肌耐力训练方法

（1）选择肌群：选择肌耐力训练的一组学生，每位学生选择自身的一组肌群，包括肩关节内收肌群、外展肌群、屈曲肌群、后伸肌群、内旋肌群、外旋肌群；肘关节屈曲肌群、伸直肌群；四指握力；髋关节屈曲肌群、后伸肌群、内收肌群、外展肌群、内旋肌群、外旋肌群；膝关节伸直肌群、屈曲肌群；踝关节、躯干肌群等。

（2）测出相应肌群的 10 RM（10 次最大重复）。

（3）训练过程：选择渐进抗阻训练或渐减抗阻训练。

①渐进抗阻训练：每次训练 3～5 组，第一组为 20％×10 RM 的负荷；第二组为 30％×10 RM 的负荷；第三组为 40％×10 RM 的负荷；第四组为 50％×10 RM 的负荷；第五组为 60％×10 RM 的负荷。每组训练的频率以学生主观判断疲劳为度，一般每组重复不超过 50 次。

②渐减抗阻训练：每次训练 3～5 组，第一组为 60％×10 RM 的负荷；第二组为 50％×10 RM 的负荷；第三组为 40％×10 RM 的负荷；第四组为 30％×10 RM 的负荷；第五组为 20％×10 RM 的负荷；每组训练的频率以学生主观判断疲劳为度，一般每组重复不超过 50 次。

（4）训练频率：每周训练 3～5 天，每天 1 次。

2．肌耐力训练注意事项　同肌力训练。

（三）柔韧性训练

1．柔韧性训练方法

（1）选择关节：选择柔韧性训练的一组学生，每位学生选择某一关节、某一方向的活动范围，可选择被动直腿抬高范围、站立位体前屈等。

视频 1-1

视频 1-2

(2) 测出本组每位学生的原始关节活动范围。

(3) 训练过程：每组间学生相互操作训练，要求被动关节活动训练时，动作缓慢、轻柔、在疼痛忍耐范围内进行，每次牵拉关节时，在关节活动终末端保持 30 s 以上，每组牵拉 15 个以上，要求每天牵拉 3~5 组。

(4) 训练频率：每周训练最少 5 天，每天至少 1 次。

2. 柔韧性训练注意事项　牵拉关节时禁止暴力，牵拉到出现酸胀感，且在忍耐范围内。

视频 1-3

(四) 100 m 短跑训练

1. 100 m 短跑训练方法

(1) 测出组内每位学生 100 m 全力跑的原始成绩。

(2) 训练过程：

①高抬腿：负重原地高抬腿，每次全力高抬腿 30 s，然后休息 1 min，10 次为 1 组，训练 3 组。

②负重深蹲快速站起：每次 30 s，然后休息 1 min，10 次为 1 组，训练 3 组。

③加速跑 80 m、100 m、120 m：用可控速度进行，在加速途中或短跑的最后达到或接近最快速度。每次训练 6~10 组，每组间休息 2 min。

(3) 训练频率：每周训练 3~5 天，每天 1 次。

2. 注意事项　开始训练的前几天会出现疲劳、乏力、肌肉酸痛，若出现睡眠不好、食欲不振，应和老师沟通，适当休息。女性月经期应减量或停止训练。

(五) 控制体重训练

1. 控制体重训练方法

(1) 测出控制体重组每位学生的原始体重。

(2) 运动训练：选择自己喜欢的运动方式（跑步、乒乓球、篮球、羽毛球、足球、跳绳等）；运动时选择靶心率作为检测运动强度的指标，按中等强度的运动训练方式，组内每位学生运动时的靶心率控制在 120~140 次/分；每周训练 5 次，每次训练不短于 45 min；要求运动训练时出汗，最好能穿不透风的运动服。

视频 1-5

(3) 运动膳食：维持均衡的营养，选择多种类的食物，不可绝食或禁食某一种类食物。进餐先喝汤，喝完汤后再吃蔬菜，进餐应定量，细嚼慢咽。尽量多用炖、清蒸、水煮、凉拌等不必加油的烹调方法，避免油煎、油炸。禁食任何高热量又浓缩的食物，尤其是甜腻、油炸、油煎、油酥之类的食物，如糖果、蛋卷、中西甜咸点心及鸡皮、鸭皮、猪皮、鱼皮等。尽量少吃高脂肪的坚果类，如花生、瓜子、腰果、松子、核桃等。每天以三餐为主，平均分配，不可偏重任何一餐，且尽量不吃点心。多摄取高纤维食物，蔬菜的热量低且含丰富的纤维素，所以减重者可多吃蔬菜或五谷。

觉得饿的时候，可以吃一点低热量水果，如番茄、柚子、梨、葡萄等，或蔬菜沙拉中的小黄瓜、生菜、竹笋及叶菜类等，还可以吃一点点低热量的饼干，如高纤维苏打饼干。

2. 控制体重训练注意事项　若训练时有关节疼痛，要停止训练，找出原因；若开始训练时出现过度疲劳的症状，需详细和老师沟通；饮食需自己控制的，严格执行。

【注意事项及说明】

（1）每种训练严格按照运动处方的方式进行，如热身运动、运动训练、整理运动（参照第三章第一节）。

（2）运动训练前，每位学生都要清楚自己的身体有无心脑血管疾病。

（3）每组设一名组长，负责督促组内学生的运动训练过程。

（4）运动训练过程中出现任何不适感都要详细记录，并告知老师。

第二章 竞技运动训练

  学习要点

1. 掌握：竞技体育理论的概念、基本内容；运动成绩与竞技能力的基本内涵。
2. 熟悉：竞技体育体系的构成成分；竞技运动训练理论的科学意义和如何将其运用于实际。
3. 了解：竞技体育的形成与发展过程；竞技体育体系的构成；状态诊断与目标建立。

第一节 竞 技 体 育

一、竞技体育的概念

竞技体育（competitive sports）是体育的重要组成部分，是以体育竞赛为主要特征，以创造优异运动成绩、夺取比赛优胜为主要目标的社会体育活动。其含运动训练和运动竞赛两种形式。

竞技运动逐渐向国际化和高水平发展，国际体育竞赛吸引着千千万万的参与者，它所产生的影响是多方面的，受到了各国的重视。竞技运动越来越具有国际规模，随着竞技项目的不断增加，参加的国家、地区和人数也越来越多，从而促进了运动技术水平的迅速提高。随着科学技术和人类体能的发展，国际体育竞赛的频繁举行，世界运动技术水平不断提高。每1分、1秒、1公斤、1厘米的提高，都包含着众多运动员、教练员的艰苦努力。田径、游泳、竞技体操和球类等各项运动成绩的不断提高，说明人类的体质、体能都有了很大的发展。国际运动竞赛也越来越激烈，要取得优胜绝不是轻而易举的事，有不少项目在十几年甚至几十年间，才出现一个新的世界纪录。男子田径运动水平的百年发展变化见表2-1。

二、竞技运动训练的特点

（一）训练目标专一，训练手段多样

从选材开始就必须注意训练目标的专一性，并根据专项训练的需要去安排训练的

表 2-1　男子田径运动水平的百年发展变化

项目	第一个世界纪录		现在的世界纪录		提高/(%)
	年度	成绩	年度	成绩	
100 m	1912	10.6″	2009	9.58″	9.62
400 m	1900	47.8″	1999	43.18″	9.67
1500 m	1912	3′55.8″	1998	3′26″	8.38
10000 m	1904	31′02.4″	2005	26′17.53″	15.63
跳高	1912	2.00 m	1993	2.45 m	22.5
撑竿跳高	1912	4.02 m	1994	6.14 m	52.74
跳远	1901	7.61 m	1991	8.95 m	17.61
铅球	1909	15.54 m	1990	23.12 m	48.78
铁饼	1912	47.58 m	1986	74.08 m	55.7

内容。认真分析各种内容和手段对提高专项运动能力的作用,有效地选用多种方法和手段服务于专项竞技水平的提高。下面以某足球队全年训练的目标为例。

1．总体目标　总体目标是指通过年度训练,队员在身体素质、专项能力和技术战术等方面应达到的预期目标。

2．训练手段

(1) 技术方面:在队员个人控(带)球及个人防守能力上多下功夫,让队员能够娴熟地运用技术。比赛中,通过个人的技术更好地控制球,控(带)球技术达到更好地完成技术战术配合的要求。

(2) 个人防守方面:在与外队比赛时,不能让对手轻松地过球,更高的要求是能形成围墙,在团队的协作下轻松抢下球。

(3) 战术方面:更加细化战术要求。进攻方面,首先要解决向前推进的问题,再细化制造射门机会的问题应如何解决,制造射门机会以重点"打穿对方锅底"为主。防守方面,要提高整体围抢的能力,同时解决个人堵截与夹击在整体围抢战术中的运用。在完成局部防守战术后,再做到四条线的紧密性与连续性,特别是第四条线守门员与后卫的紧密性,大胆压上,与后卫保持 10~20 m 的距离。

(4) 身体素质:重点解决队员力量问题、上下肢及核心力量,目标是让队员负重深蹲 50 kg,核心力量的训练能让队员在空中很好地控制身体。

(二) 竞技能力结构整体化一,多种能力互相补充

不论是哪一个项目,运动员的竞技能力都是由体能、技能、战术能力、心理能力以及运动智能构成的。竞技能力分类见表 2-2。

各项目运动员的主导竞技能力及次要竞技能力,均以适当的发展水平、相应的结构协调地组合在一起,构成了运动员表现于专项竞技之中的综合竞技能力。同时,各子能力之间相互促进、相互制约,良好发展的优势子能力还可在一定程度内对劣势子能力产生补偿作用。

表 2-2 竞技能力分类

竞技能力	竞技项目	竞技能力影响
运动员个人竞技能力	拳击、摔跤、柔道、击剑、跆拳道、乒乓球(单打)、羽毛球(单打)、网球(单打)、田径、游泳、自行车、皮划艇(单人)、赛艇(单人)、短道速滑、速度滑冰、体操、艺术体操(单人)、跳水(单人)、射箭、田径、举重、射击、花样滑冰(单人)、花样游泳(单人)、跳台滑雪、高山滑雪、自由式滑雪、速度滑雪、越野滑雪、滑板滑雪、马术	个人绝对能力
集体项目竞技能力	足球、篮球、排球、乒乓球(双打)、羽毛球(双打)、棒球、垒球、曲棍球、水球、手球、冰球、皮划艇(多人)、帆板(双人)、赛艇、双人跳水、花样滑冰(双人)、雪车、冰壶、网球(双打)、花样游泳(多人)、雪橇(双人)、艺术体操(集体)	个人能力与配合、协作结合(包括战术运用能力)

如王军霞在 10000 m 跑的整个比赛过程中每 1000 m 平均速度为 2′57″。加速是从最后 3000 m 时开始的,这时每 1000 m 平均速度达到了 2′43″。这表示对 10000 m 跑来说,不仅需要运动员具备一定耐力基础,还要求运动员有一定的速度做有力的保证。在训练中强调发展有氧耐力的同时,还要发展高强度下快速能力和速度耐力能力。绝对速度与速度耐力水平的高低已经成为衡量中长跑成绩的重要因素之一。

(三)连续性与阶段性是运动训练过程的重要特性

运动训练的全过程是多年连续进行的,训练活动对运动员竞技能力的影响,是通过机体逐渐而长期的适应性变化完成的。而训练效应会受外界因素的干扰,一旦中断或打乱,其持续发展就会受到影响。以羽毛球训练为例,其各训练阶段的起始年龄及训练年限见表 2-3。

表 2-3 羽毛球运动各训练阶段的起始年龄及训练年限

适宜起始年龄	阶段划分		训练年限
	男	女	
启蒙教学阶段	7~9 岁	7~9 岁	1~2 年
基础训练阶段	8~9 岁	8~9 岁	3~5 年
全面提高阶段	13~14 岁	13~14 岁	3~5 年
竞技突尖阶段	18~19 岁	17~18 岁	4~6 年
竞技保持阶段	根据个人情况而定		

由于运动员竞技能力不同,其在每个阶段的训练任务、内容、方法以及负荷也各有特点,为了符合不同阶段的发展规律和特点、最大限度地挖掘运动员的竞技潜力,竞技能力的发展必须遵循阶段性的特点。研究表明,系统培养高水平运动员需要 10~20 年的时间,而完成阶段性训练任务或准备并参加一轮大型比赛需要 2~6 年的准备期。训练专家将多年全程性训练过程划分为基础训练阶段、专项提高阶段、最佳竞技阶段和竞

技保持阶段。

（四）不同的训练负荷使机体产生适应及劣变

机体对外在负荷产生功能上的改变，使之更好地承受外加的负荷，称为机体对训练负荷的生物适应现象。在运动训练过程中，适宜的、过大或过小的训练负荷对运动员的机体会产生不同的影响。负荷保持在一定范围内，机体的应激以及随之产生的一系列变化，也都会保持在一个适度的范围内。负荷越大，对机体的刺激越大，所引起的应激反应也越强烈，机体产生的相应变化也就越明显，竞技能力提高得也就越快。负荷强度的各项指标见图2-1。

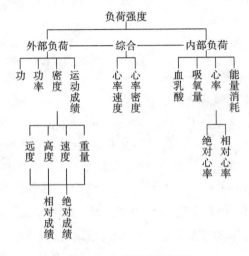

图2-1　负荷强度指标图

负荷的适度增加能够使运动竞技水平显著提高，但当负荷超出运动员的最大承受能力时，机体便会产生劣变现象。这种劣变现象会对运动员竞技能力的提高起到消极的作用，甚至会迫使一名优秀运动员过早结束其运动生命。各项群运动负荷安排表见表2-4。

表2-4　各项群运动负荷安排表

项　群	主要负荷	辅助负荷	负荷安排特征
力量性	无氧负荷	有氧负荷及心理负荷	强度起点高、波动小
耐力性	混合及有氧负荷	无氧负荷及心理负荷	强度起点低、波动大
难美性	无氧负荷	心理负荷	维持高强度、波动小
准确性	心理负荷	静力性力量耐力负荷	心理负荷大、波动小
集体对抗	无氧/混合	有氧/心理负荷	在比赛强度左右波动
个人隔网	无氧/混合	有氧/心理负荷	在比赛强度左右波动
格斗	无氧/混合	有氧/心理负荷	高强度持续对抗

三、竞技体育体系的构成

竞技体育包含运动员选材、运动训练、运动竞赛和竞技体育管理四个部分。

1. 运动员选材 运动员选材是竞技体育的开始,是挑选具有良好运动天赋及竞技潜力的儿童、少年或后备力量参加运动训练的起始性工作。运动员选材时应注意考虑各个运动项目的特点,力求使用科学的测试和预测方法,努力提高运动员选材的成功率。

2. 运动训练 运动训练是为了提高运动员的竞技能力和运动成绩,在教练的指导下,专门组织的有计划的体育活动。运动训练既是竞技体育的组成部分,也是实现竞技运动目标的最重要因素。

3. 运动竞赛 运动竞赛是在裁判员主持下,按统一的规则要求,组织与实施的运动员个体或运动队之间的竞技较量,是竞技体育与社会发生关联,并作用于社会的媒介。运动员通过训练不断提高竞技能力,只有通过运动竞赛的形式表现出来,才能得到社会的认可,满足社会的需要。

4. 竞技体育管理 无论是运动员选材、运动训练,还是运动竞赛,都必须在专门的体制组织管理下才能得以实施并获得理想的效果。因而,竞技体育管理也是竞技体育的一个重要组成部分。

四、竞技体育运动训练的科学调控

任何运动训练的目标,都是使运动员在重要比赛时达到最佳竞技状态。训练计划的制订,在很大程度上是围绕着最佳竞技状态的形成、发展与科学调控而进行的。比赛时间是固定不变的,而运动员的竞技状态却是动态、可变的,需要在大赛时将最好的竞技状态适时地调整出来。赛前竞技状态调控的总模式如下。

1. 大负荷应激强化训练 即在赛前训练阶段开始首先给运动员机体一个大负荷强化刺激。

2. 减量训练 即在大负荷应激强化训练之后,立即安排中小负荷的减量训练,以调节机体因大负荷训练而造成的疲劳。

3. 其他因素 如营养、训练内容等的科学调控。

五、现代科技与竞技体育运动训练

决策科学、人文社会科学、医学、力学、化学、数学与计算机科学的相关知识都对运动训练有着巨大的影响,不同的科学学科、科技理论、科技思想、科技方法与器材都能在竞技体育领域发挥各自的影响和作用。作为运动训练活动的直接任务,即运动员各种竞技能力(包括身体能力、技术能力、战术能力、心理能力和运动智能)的提高,在很大程度上借力于现代科技的帮助与支持。

知识拓展 2-1

对于运动训练全过程的每一个环节,即运动员选材、运动训练、运动竞赛和竞技体育管理,现代科技都已广泛地参与其中,并取得了巨大的成效,有力地支持和引导着竞技体育的快速发展。

第二节 运动成绩与竞技能力

一、运动成绩的概念

运动成绩(sports performance)是运动员参加比赛的结果,是根据特定的评定行为对运动员及其对手的竞技能力在比赛中发挥状况的综合评定。这一评定既包括运动员在比赛中表现出来的竞技水平,也包括竞赛的胜负或名次。

二、决定运动成绩的因素

任何一个竞技项目的成绩都是由运动员在比赛中的表现、对手在比赛中的表现以及比赛结果的评定行为三方面因素所决定的。其中,运动员自身与对手在比赛中的表现都取决于他们所具有的竞技能力及在比赛中的发挥程度;而比赛结果的评定行为则包含比赛规则、评定手段及裁判员的道德与业务水平三个方面。运动成绩的决定因素见图2-2。

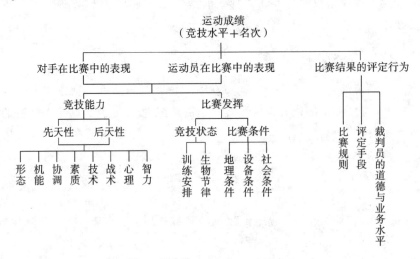

图 2-2 运动成绩的决定因素

三、竞技能力及其构成因素

(一)竞技能力的概念

竞技能力(competitive ability)指运动员的参赛能力。由具有不同表现形式、不同作用的体能、技能、战术能力、运动智能以及心理能力所构成,并综合地表现于专项竞技的过程之中。

(二)优秀运动员结构模型

优秀运动员结构模型(structure model of elite athletes)是研究人员经过长期研究,对运动构成共性的模型,其具有概括性、归纳性和抽象性,可科学地概括并准确地描述这些共性特征,以便为运动员确定竞技能力训练目标提供标准的参照系数。如我国优秀散打运动员竞技能力结构模型见表 2-5,优秀赛艇(公开级)运动员竞技能力结构模型(体能部分)见表 2-6。

表 2-5　我国优秀散打运动员竞技能力结构模型

类别	主导因素	基本特征	测试指标	标准值(男)
形态	身体匀称 肢体粗壮 身体充实度高	上肢较长,胸围、上臂围和大腿围度大,胸廓较发达,骨骼肌肉发达,皮脂含量相对较低	臂展 坐高/身高 胸围/身高 大腿围/身高 肩宽/骨盆宽	177.49±8.67 53.68±1.20 51.98±2.35 31.53±2.92 1.31±0.15
机能	良好的心肺功能 机体恢复能力 格斗应答时间 高的激素水平	良好的肺通气和心脏功能,血红蛋白水平高,抗疲劳能力强,血睾酮水平高,肌肉力量大和运动能力强应答能力强	肺活量/体重 格斗应答时间 红蛋白 血睾酮	62.86±2.70 0.614±0.109 15.20±1.20 609±353
素质	力量 速度 耐力 灵敏性	良好的绝对力量、上下肢速度力量、力量耐力、速度耐力、反应速度、动作速度、位移速度、协调性、灵敏性高	25 kg 30 s 杠铃平推 9 min 跑 8 m×40 负重折返跑 深蹲/体重 卧推/体重	46±2 2429.00±106.48 149.60±20.79 1.75±1.48 1.24±0.42
技术	格斗应答能力 上下肢的击打力量 进攻防守效果	敏锐的判断能力、反应速度、动作速度、位移速度,准确的进攻防守时机、进攻角度、方位距离,强大的攻击力量,显著的进攻效果	腿法击打力量/体重 拳法击打力量/体重 腿法击打力量/应答时间 拳法击打力量/应答时间	1.68±0.44 1.26±0.27 206.61±38.22 206.37±28.02
心理	赛前情绪 成就动机 注意力 意志品质	焦虑水平低,自信心强 成就动机高,渴望成功,不怕失败 注意力集中,有一定的广度 意志坚韧、顽强、果断、自信	期待焦虑 成就动机总分 注意力总分 果断性	2.12±0.95 7.33±0.67 50.81±5.02 6.43±1.11
智力	智力	中等以上的智力水平	智力总分	56.00±23.31

表 2-6　优秀赛艇(公开级)运动员竞技能力结构模型(体能部分)

类别	基本特征	指标	标准值 男	标准值 女
形态	身材高大匀称 肌肉线条修长	指距-身高 /cm	10～12	8～10
机能	心肺功能极好 激素水平高	VO_{2max} /(L/min)	6.1±0.6	4.2±0.4
素质	以专项耐力为核心的 出色的多种竞速能力	测功仪功率/W	428±16	300±18

四、运动员状态诊断与目标建立

运动员状态诊断与目标建立的流程见图 2-3。

1. 状态诊断在训练不同阶段的重要作用　在运动训练中特定的时刻,对运动员所表现出来的形态和状态所进行的分析与判定称为运动员竞技能力现实状态的诊断,是运动训练过程的基本环节之一。

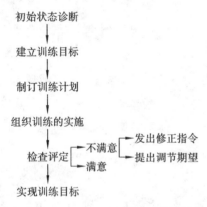

图 2-3　运动员状态诊断与目标建立的流程

(1) 正确分析初始状态,设立切实可行的训练指标。对运动训练初始状态的分析,是有效安排整个运动训练过程的基本依据之一。用科学的方法评定初始状态,判断其总体竞技能力状况的各个因素的发展水平、运动员的发育状况、导致这一状态的成因是什么等一系列问题,基于此分析结果,才有可能设立合适的训练指标。

(2) 了解训练进展,掌握竞技能力的变化,有效地调整训练目标。运动员的训练计划,包括多年训练、年度训练、阶段训练和周训练,在执行的每一个阶段都会对其效果和变化进行独立的检查和评价,而诊断的结果可视为下一个阶段的初始状态。通过状态诊断,可以使教练员和运动员对训练指标的制订、训练周期的划分、阶段任务的确定、训练方法与手段的选择以及训练负荷的安排是否适宜及时做出准确的判断,并据此调整训练指标,修订训练计划,优化训练过程,使之贴近状态目标。

(3) 最终确保运动训练的连续性。适宜的阶段划分是保持训练连续性的重要基础,合理的阶段性目标设定是实现连续性的重要途径,阶段划分的无限小也就是训练连续性的实现。因此,不同阶段状态诊断的差异越小,越接近运动训练的连续状态。

2. 目标建立在训练中的重要作用

(1) 目标建立能有效地激发和调动运动员的主观能动性。建立合适的训练目标,并将总目标分解为不同阶段的子目标,能激励和调动运动员尽自己的最大能力去完成既定的目标。目标建立得越细致,实施起来越明确。因此,目标建立使运动员明确责任,不断进取。

(2) 目标建立是运动训练计划和全部训练活动的终极目标。每次训练活动和比赛都围绕着目标状态的实现而全面进行和展开,训练过程的每一个环节为训练计划和比赛计划的制订和实施提供了依据,运动训练的终极目的便是实现预定的目标。

五、初始状态与目标状态的构成

一个完整的初始状态,应该包含运动成绩诊断、竞技能力诊断及训练负荷诊断,而一个完整的训练目标,也应该相应地包含运动成绩指标、竞技能力指标及训练负荷指标。

1. 初始状态诊断

(1) 运动成绩诊断:既包括运动员在比赛中所取得的名次,也包括运动员在比赛中所表现出的竞技水平,且平均水平可客观、全面地反映运动员上一个训练过程的结果。

(2) 竞技能力诊断:不同专项竞技能力结构的特点不同,不同项群运动员竞技能力的各种决定因素的作用也不同,因此,在诊断中要首先抓住起决定作用的主导因素作为其竞技能力总体诊断的主要依据,同时,还要将测定的结果与优秀运动员竞技能力的结构模型的标准值进行比较。

(3) 训练负荷诊断:可准确描述运动员在上一个训练过程承受的训练负荷的状态,是分析、诊断运动状态的关键因素。一般进行训练负荷量度的统计。

2. 训练目标建立　运动成绩和竞技能力是训练状态和训练目标的核心组成部分。

(1) 运动成绩指标:运动成绩是运动员参加比赛或运动训练过程的结果。参加正规比赛时根据特定的评定行为对运动员及其对手的竞技能力在比赛中的发挥状况进行的综合评定,包括运动员竞技水平的评价和比赛名次;运动员在运动训练过程中遵循科学训练的原则,即遵循一定的强度、频率、时间及其注意事项等,且按照特定预想的成绩进行科学的运动训练安排。

(2) 竞技能力指标:竞技能力是运动员参加训练和比赛时所具有的能力,包括形态、机能、协调、素质、技术、战术、心理、智力八个方面。

(3) 训练负荷指标:与训练负荷诊断对应,训练负荷指标也是目标状态体系中一个不可缺少的组成部分。负荷指标的实现正是运动员实现其竞技能力指标,进而实现运动成绩指标的基本保证。

1. 竞技体育的概念、运动训练的特点及其体系构成是什么?
2. 运动成绩的定义及其决定因素是什么?
3. 竞技能力及其构成因素是什么?
4. 简述运动员的状态诊断与目标建立。

知识拓展
2-2

思考题
答案

第三章 运动训练基础

 学习要点

1. 掌握:运动处方的内容、运动处方的制订原理;有氧代谢供能系统的特点及训练方法;超量恢复的基本原理和应用。
2. 熟悉:运动员合理营养的基本要求;运动处方对机体的作用及运动处方制订时的注意事项。
3. 了解:运动处方的发展概况;运动生物化学的任务及与其他学科的关系。

第一节 运动处方

一、概述

(一) 定义

运动处方(exercise prescription)具有两层含义:一是运动,二是处方。"运动"对机体是一种应激原,可使机体各种参数发生明显的变化,根据其用量和方法的不同对机体产生不同的作用,适量运动可增强体力,提高机体的防御能力,预防和治疗疾病。"处方"指通过人体运动形式达到特定目标的方法。世界卫生组织(WHO)提出的运动处方的定义:康复医师或体疗师,对从事体育锻炼者或患者,根据医学检查资料(包括运动试验和体力测验),按其健康、体力以及心血管功能状况,用处方的形式规定运动种类、运动强度、运动时间及运动频率,提出运动中的注意事项。运动处方是指导人们有目的、有计划和科学地锻炼的依据。

(二) 运动处方发展概况

以运动治疗疾病及锻炼身体已具有3000多年的历史,如在我国马王堆汉墓出土的帛画《导引图》,它记载了春秋战国时期就已流传的导引术,其中就包括人体运动文化。但完整的运动处方概念的形成仅仅几十年的历史。19世纪末期后的200多年内,西方国家就心肌梗死患者是静养好,还是运动好的问题一直争论不休,直到20世纪40年代,Goldwater应用有限制的定量运动,使60%~70%的心肌梗死患者恢复了工作,从此才逐渐改变了医生和患者的态度。运动处方的概念早在20世纪50年代由美国生理学家卡波维奇提出,1960年日本运动生理学家猪饲道夫教授首先使用这一术语,1969

年 WHO 使用了这一术语,并使其在国际上得到确认。现在运动处方已发展成为指导群众体育锻炼、治疗疾病和对运动员进行科学训练的方法。

(三) 运动处方的目的

运动处方的基本目的是使个人健康行为发生改变,包括习惯性的身体活动。因此,对于一个特定的个体,最适合的运动处方是实现这一行为变化的最有效的途径。运动处方的艺术在于运动科学与个体行为的结合,是个人长期目标计划的依从性和程度的成功整合。因此,通过运动处方来改变健康行为是必不可少的。

运动处方的最终目的是增强体质,减少慢性疾病的危险因素,促进健康,提高生活质量,并确保人体在运动参与过程中的安全。人们通过改变生活方式所获得的健康益处比提高人体的最大摄氧量更为有用。通过运动处方的锻炼,达到增强体质的目的,是运动处方的重要特征。通过具体运动处方的锻炼,获得个体特定的锻炼效果是运动处方的终极目标。

二、运动处方的原理

(一) 理论基础

运动处方主要采用的是中等强度的以有氧代谢为主的耐力性运动,即有氧运动(aerobic exercise),所以,运动处方的理论基础就是有氧运动理论。

1. 有氧运动的价值 有氧运动对机体的影响是多方面的,包括生理学、生物化学、心理学和社会学的多方面效果。有氧运动是指人体在氧气供应充分的情况下进行的体育锻炼,即在运动过程中,人体吸入的氧气与需求相等,达到生理上的平衡状态。其运动时间较长(15 min 或以上),运动强度在中等或中上等的程度,其关键为提高心肺功能和心血管的输氧能力。有氧运动对增强呼吸系统摄取氧、心血管系统荷载及输送氧的能力,以及组织有氧代谢利用氧的能力有显著的训练作用。有氧运动的基本目的是增强体质,提高抗病能力。有氧运动的强度刺激使各种生理功能惰性逐渐被克服,呼吸、循环功能提高,人体需氧量与吸氧量之间达到动态平衡,体内不发生乳酸堆积,心率、心排血量和肺通气量等保持稳定状态,因而持续时间长,安全性高,脂肪消耗多,能提高最大摄氧量,改善有氧适能等。

2. 超量恢复原理 人体对一定量的运动负荷刺激有一个适应过程,恢复过程一般分为以下三个阶段。

(1) 负荷阶段:运动时物质的消耗过程占优,能量物质被大量消耗,物质代谢产物(乳酸、尿素等)堆积,人体各器官、系统的机能下降。

(2) 恢复阶段:运动后消耗过程减弱,恢复过程占明显优势。这时机体内环境(热、酸碱、水)恢复平衡,肌肉内被消耗的能量物质得到补充,并逐渐恢复到原有水平。

(3) 超量恢复阶段:内环境恢复平衡,运动时消耗的物质及器官、系统的机能在一定时间内恢复到超过原有水平。超量恢复在保持一段时间后回到原有水平。

①超量恢复的条件:在超量恢复阶段时进行下一次超负荷锻炼(时间在运动后 1~2 天内);运动量不能太小,若不感到疲劳,就不会出现超量恢复。当然运动量也不能太大,否则容易引发疲劳后的各种损伤。

②超量恢复结果:肌肉内物质和肌力逐步积累可提高机体能力和训练水平。

（二）运动处方对机体的作用

1. 对心血管系统的作用 可增强心血管系统的氧运输能力、代谢产物的清除能力、调节做功肌肉的摄氧能力、组织利用氧的能力等。按运动处方锻炼可使心肌强健有力、心率减慢、动脉管壁的弹性增加、心排血量增加。

2. 运动处方对运动系统的作用 可增强肌肉力量、肌肉耐力,使肌纤维选择性肥大、肌纤维内酶活性增强;改善肌肉协调性、保持及改善关节的活动度;刺激本体感受器,保存运动条件反射,提高关节稳定性、人体平衡能力;促使骨密度增厚,骨小梁结构排列更趋向于"受力性",促进骨骼的生长等。

3. 运动处方对呼吸系统的作用 可改善肺泡的顺应性,提高呼吸商,增强肺的气体交换功能,提高最大摄氧量。

4. 运动处方对消化系统的作用 中等至大强度运动时可延缓胃的排空;长距离运动可使血清谷丙转氨酶、胆红素、碱性磷酸酶水平升高;有利于脂肪代谢及胆汁的合成与排出,降低肌肉中胆固醇水平,增加粪便排出胆固醇量,减少胆石症的发生。

5. 运动处方对神经系统的作用 实施运动处方能提高中枢神经系统的兴奋或抑制能力,改善大脑皮质和神经-体液的调节功能,提高神经系统对各器官、系统的调节能力。

6. 运动处方对激素的影响 促进雌、雄激素分泌,增高激素的利用率,使肾上腺、性腺更健康,性欲保持时间更长,减轻更年期症状、心理负担,促进顺利度过更年期,消除紧张情绪,调节体温等。

7. 运动处方对代偿功能的作用 因各种伤病导致肢体功能丧失时,人体产生各种代偿功能来弥补丧失的功能。有的代偿功能可以自发形成,而有的代偿功能则需要有指导地进行训练才能产生。如肢体残缺后,用健侧肢体代替患侧肢体的功能。运动处方对代偿功能的建立有重要的促进作用。

8. 运动处方的其他作用

(1) 保持健康的心理:释放被压抑的情感,使心理恢复平衡和愉快情绪,能增强心理承受力,使工作、生活更轻松,减轻疲劳,使运动者始终保持旺盛的精力。

(2) 增加食欲,促进消化能力:促进消化功能,增强营养的吸收和利用,提高糖代谢水平和排出废物的能力。

三、运动处方的制订原则

1. 因人而异 运动处方必须因人而异,根据每一个运动者或患者的具体情况制订出符合个人身体客观条件及要求的运动处方。每个人的具体情况不同,其健康程度、体力就不同,要求运动处方的内容也就不同,因此对每一个康复对象都要采取因人而异和区别对待的原则。个人情况包括衰老程度、疾病过程、致残情况、个体机能状况好坏、机体对训练反应的强弱、以往的生活经历等。对于不同的疾病,运动处方不同;同一疾病在不同的阶段,运动处方不同;同一个人在不同的功能状态下,运动处方也应有所不同。

2. 循序渐进原则 无论是局部肢体锻炼、全身锻炼,还是康复训练,运动量要由小到大,使身体逐步适应,并在不断适应过程中提高身体各项机能,促进身体健康。如果违背了循序渐进的原则,不但不可能获得功能障碍的康复、运动能力的提高和身体素质的提高,而且会出现意外事故。对于从来不运动或不习惯运动的人如此,对于老、弱、病、残者更是会带来运动性疾病和损伤。

3. 有效原则　制订和实施运动处方的全过程应使运动训练对象的功能状态有所改善。在制订运动处方时,要科学、合理地安排各项内容。在运动处方的实施过程中,要按质、按量认真完成训练。

4. 安全原则　科学安排运动处方,应保证在安全的范围内进行,若超出安全的界限,则可能发生危险。在制订和实施运动处方时,应严格遵循各项规定和要求,以确保安全。

5. 全面原则　运动处方应遵循身体、心理及社会健康全面发展的原则,即在运动处方的制订和实施过程中,应注意维持人体生理和心理的平衡,以达到全面身心健康的目的。

四、运动处方的分类及其优点

1. 按应用的目的和对象划分

(1) 竞技训练运动处方:以运动员为主,提高其身体素质和运动技术水平,避免训练过分主观,增加竞技训练的科学性。

(2) 预防保健运动处方:以健康人和中老年人为主,增强其体质,预防疾病,延缓衰老,提高健康水平。

(3) 临床治疗运动处方:主要针对功能障碍及残障者,促进疾病康复,提高康复效果,对运动疗法进行量化、个别化。

2. 按锻炼器官、系统划分

(1) 心血管系统康复的运动处方。

(2) 运动系统康复的运动处方。

(3) 神经系统康复的运动处方。

(4) 呼吸系统康复的运动处方。

3. 运动处方的优点

(1) 普及面广,收效快(又多又快):适用于各类人群,运动 6～8 周可提高全身耐力,最长不超过 16 周。

(2) 科学性强,省时间(又好又省):定量化、个体化。每次运动 20～30 min 即可。

(3) 针对性强,效果好(安全可靠):科学监控运动量,防止运动伤害。

(4) 目的明确,易坚持(有计划性):安排得当,锻炼得法。

五、运动处方的内容

一个系统、完整、个性化的运动处方,包括适当的运动类型(mode of exercise)、运动强度(exercise intensity)、运动持续时间(exercise duration)、运动频率(exercise frequency)和运动训练的进展速度(progression of physical activity)。

(一) 运动类型

1. 耐力性运动　耐力性运动训练包括肌肉耐力和心肺耐力。运动处方常选择的方式是心肺耐力训练。耐力性运动为中等强度、较长时间的有氧代谢运动,包括步行、慢跑、走跑交替、上下楼梯、中长距离游泳、骑自行车、滑冰、越野、滑雪、划船、跳绳及室内功率自行车、步行车、活动平板(跑台)等。

2. 力量性运动 力量性运动训练是肌力增强运动,利用器械或康复治疗师完成主动运动或抗阻运动,如推举、负重蹲起、引体向上、俯卧撑、短距离跑、跳高、跳远及投掷类项目等。按肌肉收缩方式可以分为等长运动、等张运动、等速运动,其中等张运动操作方便,较为常用。

3. 伸展运动 伸展运动可以增加身体的柔韧性,改善体形,可以放松肌肉,减少运动损伤及消除疲劳,如广播体操、太极拳、太极功、气功、五禽戏、八段锦、健身迪斯科、跳舞、各种医疗体操和矫正体操等。

(二)运动强度

运动强度是指单位时间内的运动量,是运动处方中的关键因素,是处方定量化与科学性的核心问题,它直接关系到运动疗效和安全。运动强度也是设计运动处方时最困难的部分,需要通过适当的监测手段来确定运动强度是否适宜。运动强度可以通过检测心率、最大摄氧量(VO_{2max})的百分数、代谢当量值(METs)、自觉疲劳程度分级法(RPE)、运动负荷试验等方法来进行监测。在有一定危险因素存在时,必须先通过运动负荷试验测定机体运动能力,即运动时应达到和保持的强度。

1. 用心率表示运动强度 当心率在一定范围内时,心率与运动强度之间呈线性相关,在此范围内用心率可以表示运动强度,此种方法便于监测,是国际通用的方法之一。通常把运动中允许达到的安全心率作为靶心率(THR)(表3-1)。

表3-1 按年龄预计最大心率

年龄/岁	30~39	40~49	50~59	60~69
最大心率/(次/分)	182	178	167	164

计算靶心率的方法有以下两种。

(1) 按卡沃南法计算运动时心率:运动时心率(次/分)=(最大心率-静息时心率)×心率范围的百分数+静息时心率。最大心率=220-年龄,心率范围的百分数一般为60%~80%。标准的卡沃南公式为

运动时心率=(最大心率-静息时心率)×(60%~80%)+静息时心率

(2) 靶心率等于最大心率乘以心率范围的百分数:最适宜的锻炼的运动强度在65%~75%之间,即心率在130~150次/分之间。但还需根据实施对象的具体身体状况进行调整。

2. 用最大摄氧量表示运动强度 有氧运动能力增加是取得运动效果的指标之一,故可采用最大摄氧量的百分数表示运动强度。一般认为VO_{2max}的50%~75%是最适合的运动强度范围。运动强度小于70% VO_{2max}的持续运动中乳酸水平不增高,血液中肾上腺素和去甲肾上腺素保持在较低水平;小于50% VO_{2max}的运动对老年人和心脏病患者有较好效果,但对健康人群很难起到训练效果;大于80% VO_{2max}的运动属于高强度运动,对老年人和罹患疾病者有危险(表3-2)。

表 3-2 运动强度与预测脉搏数

年龄/岁	运动强度/(%)										
	0	10	20	30	40	50	60	70	80	90	100
20	60	74	88	102	116	130	144	158	172	186	200
30	60	73	86	99	102	125	138	151	164	177	190
40	60	72	84	96	98	120	132	144	156	168	180
50	60	71	82	93	94	115	126	137	148	159	170
60	60	70	80	90	90	110	120	130	140	150	160
70	60	69	78	86	87	105	114	123	132	141	150

3. 用代谢当量值表示运动强度 METs 由摄氧量(VO_2)推算而来,健康成年人坐位安静状态消耗 3.5 mL/(kg·min)O_2 即 1 METs。METs 在康复医学中较为常用,它是能量代谢的一种方式,在不同年龄可通过心率或所完成动作时能量消耗程度换算得到 METs,从而指导患者进行日常生活活动、家务、体育娱乐等活动。一般患者运动能力至少应达到 5 METs,才能满足日常活动需要。常见活动的 METs 见表 3-3。

表 3-3 各种常见活动的 METs 表

活动	METs	活动	METs	活动	METs
日常生活		运动		家务活动	
卧床休息	1.0	走路(慢)	2.0	用手缝纫	1.0
静坐	1.15	走路 5 km/h	3.0	扫地	1.5
静站	1.4	走路 6 km/h	5.5	抹灰尘	2.0
进餐	1.0	轮椅活动	2.0	洗碗	2.0
说话(平静)	1.0	划船 4 km/h	2.5	擦地板	4.0
脱衣服	2.0	骑车(慢速)	3.5	上街购物	3.5
洗脸、洗手	2.0	骑车(快速)	5.7	擦玻璃窗	3.5
床边坐马桶	3.0	游泳	5.0	整理床铺	3.5
淋浴	3.0	跳舞	4.5	洗衣服	2.5
床上使用便盆	4.0	钓鱼	3.2		
下楼梯	4.5	打牌	2.0		
拄拐步行	6.5				

4. 用自觉疲劳程度分级法表示运动强度 自觉疲劳程度分级法(rating of perceived exertion, RPE)是运动者在运动时用主观感受到的疲劳程度来确定运动强度的方法,用 RPE 表示运动强度的评定简单、实用,特别适用于家庭和社区康复训练。Borg 设计的 15 级分类计分法见表 3-4。

表 3-4　RPE 的 15 级分类计分法

评　分	描　述
6	
7	非常轻
8	
9	很轻
10	
11	有点累
12	
13	稍累
14	
15	累
16	
17	很累
18	
19	非常累
20	

5. 用运动负荷试验表示运动强度　运动负荷试验是通过一定负荷量的运动,了解患者的生理和病理变化,某些静止时难以被检测的心脏功能异常,在运动时由于负荷增加而表现出异常,并通过运动心电图的检测、记录而得以发现。因此,心电图运动负荷试验是对已知或可疑心血管疾病进行临床评价的诊断试验,试验类型包括活动平板运动试验、踏车运动试验、二阶梯运动试验。对有心血管疾病的患者,需先进行运动负荷试验,确定运动处方的运动强度,保证患者在安全范围内进行练习。

（三）运动持续时间

运动持续时间即每次运动的持续时间,平均为 15~60 min,一般为 20~30 min。必要的运动持续时间不能一概而定,应根据运动强度、运动频度、运动目的、运动者年龄和身体条件等来制订,取决于某种强度的运动刺激对呼吸、循环功能的影响,从运动开始到达到恒常运动所需的时间。运动时间的长短与运动强度成反比。一般认为健康成年人宜采用中等强度而长时间的运动;体力弱而时间充裕的人,可采用小强度、长时间的运动;体力好但时间不充足者,可采用大强度、短时间的运动。对于无运动经验者和有症状的患者应进行小强度、长时间的运动,此种运动不易引起骨关节损伤和增加能量的消耗。

每次运动应包括 5~10 min 的准备活动,给予呼吸、循环系统有效的刺激,使各种生理功能充分发动起来;10~30 min 的靶心率训练运动,确保训练能达到要求;5~10 min 的整理活动,保证血液回流,维持心排血量,防止运动后意外的发生,有利于运动后疲劳的消除。在每次运动时应同步监测运动者身体出现的状况,随时调整运动强度及运动时间,确保运动安全。

（四）运动频率

运动频率取决于运动强度和每次运动持续的时间。运动强度可以通过调整众多的处方变量来达到，如增加阻力或负荷量，增加每组运动的重复运动次数，或缩短两组运动之间的休息时间。老年人一般每天或隔天训练较为合适。如果运动量较小，就要增加运动频率，以确保运动量和运动效果，因此，运动频率应根据患者身体恢复情况及病情轻重进行适当调整。

肌肉一旦停止锻炼，退化速度之快是惊人的。运动效果要靠不断运动来取得，而无法储存。在48~72 h之后，一个人必须使他的肌肉再次取得合乎需要的物理效果，否则将前功尽弃。若3天不运动，其肌肉的最大力量会丧失1/5，由于运动效应和蓄积作用，间隔时间不宜超过3天。可以选择适合自己情况的锻炼次数，每周锻炼3~4次是较适宜的频度，每周最低不能少于2次。

运动习惯性或生活化是人们能否坚持运动的关键及难点，这也是健身不能普及和坚持的原因，尤其不能在广大青壮年人群中坚持，如白领阶层。所以，当今运动训练的发展趋势是家庭健身指导，要深入服务对象的生活，了解和关心他（她），进而根据其个人特点制订运动处方内容，使运动处方习惯性和生活化。

（五）运动训练的进展速度

运动训练的进展速度取决于个体的功能、运动能力、医疗和健康状况、年龄、个人活动的喜好和目标，以及个体平时训练的耐受水平等。对于健康的成年人而言，运动训练的进展速度包含初始阶段、发展阶段和维持阶段三个阶段。

1. 初始阶段 初始阶段的活动为较低强度的有氧运动（伸展运动，如步行、广播体操等），使机体适应运动刺激。这些活动不易引起损伤和肌肉的酸痛，如果初始阶段进展过快，容易引起生理性不适，而造成运动不能坚持。此阶段的运动应持续4周左右的时间，运动强度从最初的最大心率的40%过渡到最大心率的60%，运动持续时间从15 min延长到30 min，每周进行3~4次。冠心病患者应根据身体状况适当降低运动强度，延长适应的周数。

2. 发展阶段 发展阶段与初始阶段不同，此阶段进展较快，机体适应运动后，通过逐步提高运动负荷的强度来改善心肺功能。发展阶段一般将持续4~5个月，运动强度可逐步提高到最大心率的85%，运动持续时间达到30~40 min。老年人由于生理机能的减退，适应时间相对较长。

3. 维持阶段 在维持阶段运动者的心肺功能达到一定的高度，不再需要提高运动负荷，保持现有的运动强度和健康状况即可。此阶段多出现在开始运动后的6~8周，运动强度保持在最大心率的70%~85%，运动持续时间为30~45 min，每周进行3~5次。维持阶段除原有的锻炼项目外，可适当调整运动项目，避免因重复枯燥的单一运动而出现运动中断。

六、注意事项

运动处方的制订需要康复治疗师全面掌握患者病情，确定合理的运动强度、运动频率、运动持续时间和运动项目；在患者进行运动前，首先进行必要的检查；对患者身体的状态有充分的了解,针对不同的疾病给予相应的运动处方,并且让患者了解运动的必要性,以及运动的目的;在运动过程中随时掌握患者的病情变化,对运动处方进行及时调整,以免发生意外;宜从小运动量开始,循序渐进,使患者得到满意的训练效果。如高血压患者有氧运动需在50%的心脏储备下开始进行,注意降压药的用药情况,运动前后观察血压的变化;糖尿病患者注意运动中低血糖的发生,以及使用降糖药的种类、服药时间,避免在药效高峰期进行运动。

(一) 掌握身体状况的变化

定期进行心血管系统功能检查、运动器官检查以确保身体健康。运动中注意自我观察指标,出现指标异常时停止运动。

1. 若出现下列指征,不宜进行运动

(1) 安静时脉搏在120次/分以上。

(2) 收缩压在200 mmHg以上,或舒张压在120 mmHg以上。

(3) 当前有发作性心绞痛。

(4) 新发心肌梗死在1个月以内。

(5) 有明显充血性心力衰竭。

(6) 房颤以外的显著心律不齐。

(7) 在运动实施前有心悸、呼吸困难。

2. 若运动中有下列指征,需停止运动

(1) 运动中出现中等程度呼吸困难、头晕、恶心、心绞痛。

(2) 运动中脉搏大于140次/分。

(3) 运动中1 min内出现10次以上期前收缩,或有室上性、室性心动过速,或脉搏过缓。

(4) 运动中收缩压上升40 mmHg以上;舒张压上升20 mmHg以上。

3. 若出现下列症状,需停止运动,症状恢复后再进行运动

(1) 运动中脉搏加快30%。在休息2 min后脉搏不能恢复到加快10%的水平,此时需停止运动或改为极轻度的运动。

(2) 脉搏大于120次/分。

(3) 1 min内出现10次以下期前收缩。

(4) 自诉有轻度心悸、呼吸困难。

(二) 循序渐进

遵循机体适应能力的客观规律,循序渐进地安排运动计划,逐步提高运动强度,避免急于求成、相互攀比,否则将超出人体的承受能力,损害身体健康,甚至出现生命危险。

知识拓展
3-1

(三) 预防运动损伤

指出禁忌的运动项目和某些易发生危险的动作,预防运动损伤的出现。每次锻炼前后都要做好充分的准备活动和整理活动,防止运动性损伤和心血管意外的出现。

第二节 运动生物化学

一、运动生物化学概述

（一）定义

运动生物化学(sport biochemistry)是生物化学的分支,是体育科学学科之一。随着体育科学的发展,科学化水平不断提高。运动生物化学是从分子水平研究人体运动时机体的化学组成、化学变化、物质代谢和能量代谢的发展与变化,并应用这些规律为运动实践服务的一门学科。

（二）运动生物化学的任务

1. 运动对身体化学组成的影响 不同机体的身体成分基本一致,包含核酸、蛋白质、糖类、脂类、水、无机盐等。机体的化学组成是相对稳定的,在运动的影响下,可以发生适应性的变化。在运动训练中,机体化学组成会发生相应的改变,机体成分、酶活性、激素调节等产生的适应性变化是提高运动能力和促进健康的关键,这是运动生物化学研究的一个重要内容,也是增强体质的基础,如有氧运动可使肥胖的人体内脂肪减少、体重下降;在竞技运动训练中,肌肉蛋白质含量增加;骨骼肌糖原含量、血红蛋白浓度增加。此外,运动过程中,机体也会发生脱水、酸碱平衡被破坏等不适应的变化,对运动引起的机体不适应变化及预防的研究也是运动生物化学的重要研究内容。

2. 运动时物质代谢与能量供给的特点和规律 运动时能量代谢体系由无氧运动和有氧运动两种代谢过程和三个供能系统(磷酸原供能系统、糖酵解供能系统和有氧代谢供能系统)组成,其中将磷酸原和糖酵解供能归为无氧代谢过程,有氧代谢过程主要由糖、脂肪和蛋白质分解供能。不同项目和不同强度的运动,对物质代谢与能量供给要求不同,各能量供能系统占不同的比例,因此掌握运动时的物质代谢与能量供给特点,对促进健康,提高训练效果十分重要。球类、跑步、游泳、健身操等,无论哪一种项目,在运动时都不可能由单一供能系统提供全部能量,一定是以某一供能系统为主,其他系统共同参与供能,是各能量代谢系统间的连续释放统一的过程。目前,运动生物化学研究以物质代谢为基础,深入研究运动时的物质代谢及供能特点,不同运动项目、不同训练水平、不同训练周期物质消耗情况,以及如何恢复、提高机体对物质代谢和能量代谢的调节能力等问题。实现科学训练和提高运动能力、探讨运动训练与有氧代谢的合理关系,制订出科学的运动方法和运动处方,是运动生物化学研究的重要任务。

3. 促进健康与增强体能的生物化学基础 现代生活由于缺乏运动,不同人群中发生的肥胖、高脂血症、高血糖、高血压、冠心病和骨质疏松症等代谢疾病日益增多。1996年北美运动医学专家们共同起草了《体力活动与健康:美国医务总署报告》,提倡每天进行至少30 min中等强度的体力活动,提出将中等强度运动和累积运动时间作为健身运动的指标。运动生物化学在为全民健身服务的过程中,应根据不同人群及社会发展的要求不断调整,明确本学科的教学与研究任务。运用运动生物化学,为运动训练和体力

活动促进健康提供科学的理论依据,并研究合理的、适应不同人群的运动处方,使锻炼活动定量化、定性化。

(三)运动生物化学与其他学科的关系

运动生物化学是一门年轻的学科,目前,运动生物化学的研究已深入运动训练、全民健身和疾病防治的领域,在许多方面与运动人体科学中各相邻学科交叉。生物化学、生理学的有关知识是运动生物化学的基础,它和其他相关学科存在紧密的联系,互相渗透、互相促进。

随着现代生活的发展,人们的体力活动减少,生活节奏加快,心理压力加剧,生活水平提高而不注意合理膳食,出现肥胖、高脂血症、高血压、糖尿病等一系列以物质代谢过程紊乱为表现的现代文明病。因此,医务工作者必须了解物质代谢正常和异常的特点,探讨异常代谢的表现和原因,通过加强运动训练和体力活动,注意合理营养,预防、治疗相关疾病。

二、三大供能系统

运动时能量代谢由磷酸原供能系统、糖酵解供能系统和有氧代谢供能系统组成。在缺氧状态下体内能源物质代谢、释放能量的过程,称为无氧代谢,包括磷酸原供能系统和糖酵解供能系统。在氧充足的条件下,糖、脂肪和蛋白质的彻底氧化分解,称为有氧代谢供能系统。糖、脂肪和蛋白质是人体的三大细胞燃料,它们经过生物氧化将分子内储存的能量释放出来,并转换成三磷酸腺苷(ATP)。ATP是人体细胞能够直接利用的能源物质。

(一)磷酸原(ATP-CP)供能系统

剧烈运动时,肌细胞中的 ATP 分解产生腺苷二磷酸(ADP)和能量。ADP 数量迅速增多,浓度增高,激活磷酸激酶,使磷酸肌酸(CP)分解加速。两者产生的能量供肌肉收缩。因此,在运动时把有由 ATP、CP 分解反应组成的供能系统称为磷酸原供能系统。

1. 骨骼肌的直接供能物质——ATP 人类骨骼肌 ATP 含量为 $4 \sim 6 \text{ mmol/kg}$,心肌含量较骨骼肌略低。运动对骨骼肌和心肌中的 ATP 含量影响不大,肌内 ATP 消耗后的恢复速度是影响运动能力的最重要因素。ATP 是肌肉收缩时将化学能转变为机械能的唯一直接能源,运动时 ATP 转运率大大加快,其加快速度与运动强度成正比。骨骼肌收缩时,肌纤维收缩的能量来源于 ATP 分子的分解反应。当肌肉收缩时,ATP 降解成 ADP 和 Pi(磷酸),它们在肌细胞内迅速刺激 ATP 再合成,以此来保持细胞中 ATP 的相对稳定。ATP 分解具体反应式如下:

$$ATP + H_2O \rightarrow ADP + Pi + 能量$$

2. 骨骼肌的间接供能物质——CP 运动开始时,肌细胞内 ATP 立即分解提供能量,随着 ATP 的消耗,其合成过程加强。其中迅速合成 ATP 的部分 CP 能量由 CP 分解反应提供。CP 分解具体反应式如下:

$$CP + ADP \rightarrow ATP + C(肌酸)$$

在骨骼肌收缩过程中,收缩蛋白不能直接从 CP 中获取能量,因而 CP 不是骨骼肌的直接能源物质。CP 是高能磷酸基团的储存库,骨骼肌 CP 含量约 20 mmol/kg,是 ATP 浓度的 3~5 倍。细胞中的 CP 浓度与细胞功能有关,快肌纤维高于慢肌纤维。

3. 运动时的供能　由于磷酸原在肌细胞中的储存量少,运动时启动最早、被利用最快,但只能维持很短的时间,且与运动强度相关。在 100 m 跑等最大强度运动时,只能维持 6~8 s,在轻快步行等小强度运动时,能维持约 1 min。磷酸原供能系统是短时间极量运动(短跑、举重、跳远等)的主要供能系统,其储存量是运动能力的决定因素。

4. 磷酸原供能系统与运动训练　运动训练后,骨骼肌中的 ATP 储存量改变不明显,但 CP 储存量会明显增多。ATP 酶和肌酸激酶活性显著提高,加速 ATP 的利用和合成,提高肌肉的最大输出功率,在短时极量运动(如短跑、跳跃、投掷等项目)中,主要由磷酸原供能系统供能,因此,在训练中发展该系统最为重要。在训练时一般采用间歇重复训练法,要求持续最大强度运动 5~10 s,中间间歇休息 30~60 s,重复进行练习。如果间歇时间短于 30 s,磷酸原供能系统不能达到较好的恢复,将会依靠糖酵解进行供能,使乳酸堆积,影响训练效果。

(二) 糖酵解供能系统

竞技体育中,大多数项目不能在数秒的时间内完成,磷酸原供能系统的供能不能满足运动时的能量需求,必须同时有其他的供能系统提供 ATP。糖在无氧条件下分解生成乳酸的同时释放能量,使 ADP 合成为 ATP,这一供能系统称为糖酵解供能系统,这是短时间激烈运动时的又一供能途径。

1. 糖酵解供能　肌糖原是激烈运动时糖酵解供能的基本燃料。肌糖原储存在细胞内,参与收缩的骨骼肌细胞只能依靠自身储存的肌糖原进行酵解,从而较快地为肌肉收缩提供能量。其方式是肌糖原的无氧酵解供能。糖酵解供能系统是以肌糖原在无氧情况下,经酵解酶系的催化作用进行分解,生成乳酸和能量,能量供 Pi 和 ADP 重新合成 ATP。糖酵解不需氧的代谢,在缺氧或存在氧的细胞环境中均可能发生,乳酸是糖无氧代谢的产物。

2. 运动时的供能　肌糖原无氧酵解供能在 30~60 s 可达最大速率,可持续供能 2~3 min,超过 3 min 后,供能能力下降。糖酵解速率在运动中下降不是由肌糖原耗竭引起的,而是细胞内乳酸的大量堆积引起内环境 pH 值下降和抑制糖酵解酶活性所致。运动疲劳产生的原因是乳酸在血液和肌肉中大量累积,它们使得糖酵解供能能力下降,所以说乳酸能限制肌肉的工作时间。由于个体差异,耐受乳酸能力不同,长时间运动必然会导致运动疲劳。糖酵解供能系统的最大输出功率仅为磷酸原供能系统的 50% 左右,但持续时间较磷酸原供能系统长,这对于速度和速度耐力的运动项目非常重要。提高糖酵解供能系统的供能能力,有助于速度素质的改善。

3. 运动与乳酸　以极量或接近极量强度运动时,骨骼肌生成的乳酸基本上在运动后恢复期才能得到消除;在亚极量及其以下强度运动时,骨骼肌生成的乳酸可同时消除,此时乳酸浓度相对稳定。

进行一次最大强度的运动至力竭时,血乳酸浓度达到 15 mmol/L 左右,连续多次重复进行大强度运动后血乳酸浓度可以达到 30 mmol/L 以上,间歇或重复的大强度运动可使血乳酸浓度升高大于一次运动。所以,在运动训练中通常采用间歇或重复的大强度运动以发展人体骨骼肌中最大的糖酵解能力。

4. 糖酵解与运动训练 在运动时由磷酸原供能系统为最大作用力提供约 10 s 的能量,在此之后,糖酵解供能开始增加,为发展糖酵解的供能能力,需提高机体对血乳酸的耐受能力,所以须进行超负荷训练,具体方法如下。

(1) 最大乳酸训练:全力运动 1 min,到达力竭状态时,血乳酸浓度最高为 15 mmol/L 左右,在一次运动后,继续重复数次,可使血乳酸浓度达到最大值,发展糖酵解供能系统的最大能力。一般采用的训练方法为 1~2 min 的最大强度运动,重复 5 次,每次运动的间歇时间(休息)控制在 3~5 min。在间歇训练的过程中,如果休息时间过长,血乳酸会在间歇期有一定的消除,血乳酸浓度反而会下降,训练达不到最佳效果。因此,在发展糖酵解供能系统的间歇训练中,应根据血乳酸浓度的检测结果控制休息时间,否则将影响训练效果。

(2) 血乳酸耐受能力训练:在一次全力运动后,血乳酸浓度达到较高水平(目前认为 12 mmol/L 较为适宜),然后保持这一水平,使机体在运动训练中经受较长时间的刺激,从而适应和提高血乳酸耐受力。具体训练方法是采用 1 min 运动,使血乳酸浓度达到 12 mmol/L,休息 4~5 min,再进行下一次的练习,重复进行。如果训练强度过大,休息时间过短,在 2~3 次运动后由于能力下降,血乳酸浓度降低,反而达不到血乳酸耐受能力训练的效果。

在进行提高糖酵解供能能力的运动训练时,应注意上述两种训练的配合使用,一般在 400 m 跑、100 m 游泳、200 m 游泳等体育运动项目中多采用上述的训练方法。

(三) 有氧代谢供能系统

在供氧充足的条件下,糖、脂肪、蛋白质等经过一系列的代谢,进入三羧酸循环,最后生成 CO_2 和 H_2O,同时释放能量供 ADP 合成 ATP,以维持 ATP 的持续供能。

1. 运动与糖 糖是人体运动时的重要能源物质。人体中的糖主要以糖原(肌糖原和肝糖原)和血糖(葡萄糖)两种形式存在,前者是糖类的储存形式,后者是糖原的运输形式。

(1) 运动与肌糖原:肌糖原的利用速率及它在能量代谢中的重要性与运动强度、持续时间、训练水平、运动方式等密切相关。

① 肌糖原利用速率与运动强度和持续时间之间的关系:在 90%~95% 最大摄氧量强度(极量强度)运动时,肌糖原以最高速率消耗,使局部肌糖原储备水平迅速下降,肌乳酸迅速增多和累积;在 65%~85% 最大摄氧量强度(亚极量或亚极量下强度)长时间运动时,能维持运动的时间为 45~200 min,肌糖原的利用速率相当高,消耗糖量很大;在 20%~30% 最大摄氧量强度(低强度)运动时,肌糖原利用很少,肌糖原含量下降缓慢,不存在明显的耗竭点,此时由肌肉脂肪酸氧化提供运动能量。不同强度运动至力竭时,持续的时间不同,肌糖原消耗量和分解速率相差很大。

② 肌糖原利用速率与训练水平的关系:长时间耐力训练可以提高肌肉氧化糖和脂肪酸的能力。高水平运动员执行极量、亚极量负荷运动时,脂肪酸氧化供能的比例较高,相应的肌糖原利用速率减慢。氧化能力的提高与线粒体酶活性增强有关,所以,运动时增强脂肪酸氧化供能,对肌糖原的利用起节省作用。在进行高强度亚极量运动时,高水平训练的人,肌糖原分解速率相比非训练者要快。

③ 肌糖原利用速率与运动方式的关系:进行各种体育项目运动时,直接参与收缩的

肌群不同,运动时肌糖原利用的速率也不一样;此外,以相同强度和时间进行不同的运动,肌糖原消耗也有所不同。

④其他:运动前和运动中适量的补糖可以促进运动肌吸收和利用血糖,抑制脂解作用,降低内源性糖储备的消耗;环境温度可影响运动时肌糖原的利用率,热环境可增加肌糖原的供能。

(2) 运动与肝糖原:肝糖原总量比肌糖原少得多,只占体内糖原总量的20%左右,但肝糖原对维持血糖浓度在正常水平、保持良好运动能力及健康有重要作用。肝脏是葡萄糖异生和输出的重要场所,随着运动强度的增大、运动时间的延长,肝糖原分解和糖异生速率都加快,葡萄糖释放入血液的数量增多,运动中肝糖原的释放速率与运动强度和运动时间成正比。

①短时间激烈运动:肝糖原分解输出占90%。

②长时间高强度运动:肝糖原分解量占肝脏葡萄糖释放总量的比例下降,糖异生比例增大。

③长时间运动:肝糖原是葡萄糖的主要来源。随着运动时间的延长,在运动的后期,肌糖原储存已被大量排空,这时骨骼肌主要依靠摄取血液葡萄糖来获取糖,如无外源性葡萄糖补充,肝糖原储存也势必迅速排空。只靠糖异生作用不能维持能量代谢所需,因而血糖浓度进行性降低。当出现低血糖状态时,运动员已显得筋疲力尽,这成为长时间运动性疲劳的重要原因之一。

(3) 运动与血糖:血糖是中枢神经系统的基本燃料,是红细胞的唯一能量来源,是长时间运动时运动肌的重要肌外燃料。肌糖原只能供给不到 60 min 的最大速率有氧运动,超过 60 min,运动肌将吸收和补充肌外燃料(血糖和血浆中的游离脂肪酸),以维持运动能力,防止肌肉疲劳过早发生。运动时骨骼肌吸收和利用血糖增多,其数量与运动强度、持续时间和运动前肌糖原储存量相关。

在短时间极量强度运动初期,肌细胞不吸收血糖。在长时间中等强度运动初期,骨骼肌吸收血糖量快速上升,40 min 时净吸收血糖量是运动前的 7~20 倍,90 min 后骨骼肌吸收血糖量下降,这与肝糖原大量消耗,接近耗竭有关。

运动前肌糖原的储存量对血糖吸收的影响较大。高的肌糖原储存量可使运动中骨骼肌摄取和利用血糖量减少,有利于维持血糖稳定,延缓疲劳的出现。

2. 运动与脂肪 脂肪是体内最大的能源储备,主要成分为甘油三酯(TG),正常成年人体内脂肪含量占体重的 10%~20%,女性较男性高,肥胖者超过 30%。脂肪释放的能量比糖和蛋白质多,运动时脂肪主要分解成甘油和游离脂肪酸(FFA)参与机体的能量代谢。此外,脂肪还有保护器官、减少摩擦和防止体温散失等功能,这对维持体温有十分重要的意义。

各种类型运动训练中以耐力训练对人体内脂肪代谢的影响最为明显,还可以影响骨骼肌对脂肪酸的氧化利用等。耐力训练可增加脂肪作为供能物质,耐力训练所引起的适应在胰腺激素和靶组织均有表现,有助于解释在运动时所表现出来的适应。耐力训练后再进行绝对运动强度相同的低、中等强度亚极量运动时,糖氧化供能明显减少,而脂肪氧化供能相应增加,从而有效地节省糖而提高了运动耐力。

体力活动,尤其是持续时间长、周期性及大肌群参加的有氧运动,对血浆脂类浓度的影响最为明显。进行一次连续达几小时的耐力运动后,即刻及运动前后血浆脂蛋白、胆固醇和甘油三酯的浓度基本无变化。进行一次长时间运动后的一天到数天内,血浆甘油三酯及总胆固醇浓度降低。如果连续几天进行长时间的耐力运动,同时适量限制饮食中的能量,可以使血浆甘油三酯的浓度明显降低,其降低幅度与运动负荷以及运动前血浆甘油三酯的浓度呈正相关。进行长时间耐力运动直接影响体内的脂类代谢,对人体的健康有益。长时间系统参加耐力性的运动训练可有效提高机体脂肪动员和氧化能力,使体脂减少、血脂降低、脂蛋白优化,对人体脂类代谢具有慢性的影响。

3. 运动与蛋白质 蛋白质是生命活动的物质基础,是组成人体结构成分和酶等的特殊功能物质。氨基酸(AA)是蛋白质的基本组成单位,人体内蛋白质与脂肪和糖不同,无固定的储存量及储存部位,必须经常不断地从食物中摄取才能满足正常的生理需要量。实际上人体各组织中仍然存在着数量可变化的少量蛋白质,以肝脏中的含量相对较高。运动训练过程中蛋白质代谢增强、骨骼肌粗大、骨骼的皮质增厚、关节囊和韧带变厚、酶蛋白增多及线粒体容积增大等都需要额外的蛋白质,所以,蛋白质代谢与运动能力密切相关,长时间大强度运动时,人体内存在蛋白质净降解和氨基酸参与供能的情况。

运动时氨基酸氧化分解直接提供的能量不多,只占工作肌经过氧化代谢途径得到的总能量的2%～18%。在能量供应充足的条件下进行运动,人体内蛋白质和氨基酸氧化供能的定量价值并不是很大。在进行长时间耐力运动的中期和后期,因为体内糖原储存量也大量被消耗,蛋白质的分解代谢变活跃,除了经过糖异生作用维持血糖稳定外,氨基酸的直接被氧化以及促进脂肪酸的被氧化利用都具有重要作用。在进行长时间的运动时如果需要蛋白质积极参与能量代谢,首先消耗生理储备量中的少量可变蛋白质,然后进一步消耗组织细胞的结构蛋白质,尤其是骨骼肌的结构蛋白质。

耐力训练使骨骼肌线粒体的数目增多,体积增大,线粒体蛋白质含量增高和组成酶活性增强。力量训练使肌蛋白数量增多(收缩蛋白总量增多、肌球蛋白丝增粗),体积增大,从而使肌肉力量增大。

4. 有氧代谢与运动训练 有氧代谢训练可明显改善氧的运输和利用能力,其中以酶活性提高和有氧氧化增加最为明显。目前认为较好的训练方法包括间歇训练和持续训练。

(1) 间歇训练:短时间、高运动强度的间歇训练有助于提高无氧代谢能力,而长时间、低运动强度的间歇训练有助于发展有氧氧化系统的供能能力。目前采用的方法有2 min间歇(2 min运动、2 min休息)、4 min间歇(4 min运动、4 min休息)。不同时间的间歇运动发展有氧和无氧能力有所不同,随着运动时间的延长,强度的降低,有氧氧化供能比例增大。

(2) 无氧阈训练:当前使用较多的一种模式。利用超量负荷和循序渐进的方式,刺激血乳酸的生成和消除,使血乳酸浓度维持在4 mmol/L左右的水平,以此来不断提高有氧氧化系统的能力。

(3) 持续训练:持续训练是以中等到高强度维持一段时间的恒定运动。训练中常先让运动员完成自身比赛项目运动总量的2～5倍,在完成任务时,逐步提高运动速度,使机体获得最大的有氧适应。

知识拓展 3-2

5. 有氧代谢与康复 长期坚持中等强度的有氧运动,可增强心肺功能,改善消化系统、运动系统、神经系统、泌尿系统,提高机体免疫力,愉悦心情。这对预防疾病的发生和发展有积极作用。

第三节 运动生理

运动训练生理基础是指导运动训练的主要科学理论之一,其中,人体能量系统、肌肉系统、神经系统、心肺系统的功能,对于从事竞技运动及其训练的人来说,将直接关系到运动水平的提高,因此,探讨这些系统的基本功能及其与运动训练的关系,历来深受运动训练界重视。本节重点阐明这些系统与运动训练的基本关系,旨在为深入了解后面的内容打下生理学基础。

一、能量代谢与运动训练

(一) 三种能量代谢系统

三磷酸腺苷(ATP)是肌肉活动时直接应用的化学能量物质,并为人体内重要的"高能"化合物之一。它储存在大部分细胞内,尤以肌肉细胞中的含量最高。除ATP外,其他形式的化学能都必须转变为ATP的能量结构方能供肌肉收缩之用。

1. 磷酸原代谢系统 又称为磷酸原系统。CP分解时释放出大量的能量,并供给ATP再合成所用,即CP释放的能量使ADP和无机磷酸再合成为ATP,1 mol CP分解时释放的能量,能供给合成1 mol ATP。ATP和CP合称为磷酸原,肌肉中所储存的磷酸原总量不多,男性约有0.6 g,女性约有0.3 g,所以,磷酸原系统所提供的能量是极为有限的。据研究,人体如以最快的速度持续运动几秒,肌肉中的磷酸原(ATP、CP)即已耗尽。但是磷酸原系统的用途,对于从事短跑、跳跃、投掷、踢摔等各种只需数秒即可完成的技能的作用是极大的。它不仅是这些活动方式的主要能源,而且直接影响着运动成绩。

2. 糖酵解代谢系统 又称无氧代谢系统、乳酸代谢系统。在缺氧状态下,系统中糖分解所产生的能量,可使ATP得以生成。当肌糖原一部分被分解时,其代谢产物为乳酸,故称之为乳酸代谢系统。当乳酸在肌肉和血液中积累到一定程度时,可使肌肉产生暂时性的疲劳。肌糖原在无氧状态下释能供ATP再合成的数量远不如有氧状态下的ATP合成数量。如180 g肌糖原的无氧分解仅能生成2 g ATP,而在有氧状态下的分解,其产生的能量足以再合成39 g ATP。如同磷酸原代谢系统,在竞技运动和训练中糖酵解代谢系统的作用是极为重要的,特别在持续最大速率进行1～3 min的运动,如400 m跑和800 m跑时,大部分要依赖糖酵解代谢系统提供能量,而在较长时间持续运动的最后阶段,糖酵解代谢系统的供能作用也是非常突出的。

3. 有氧代谢系统 同等量的肌糖原全分解为二氧化碳和水的同时,所释放的能量可产生的ATP是无氧状态下的13倍。有氧代谢的场所和无氧代谢一样,均在肌肉细胞内,但有氧代谢的具体场所仅限于细胞的线粒体内。因线粒体是有氧状态下ATP生成的场所,故有人称之为细胞的"发电厂"。显然,肌细胞内线粒体数量的多少直接关系到有氧代谢的水平。这不仅对运动训练有着积极的意义,并为选材提供了生理学依据。

有氧代谢系统不仅可使肌糖原、脂肪产生大量能量供 ATP 合成,并且其代谢产物不会成为致疲劳物质。因此,有氧代谢系统是长时间耐力运动的基础,运动员有氧代谢水平的高低,将直接影响其耐力运动的成绩。

(二)运动时能源物质动用的影响因素

运动时人体内的能量供应是一个连续的过程,其特点是运动强度和运动时间必须与 ATP 的消耗和再合成之间的速率保持匹配,避免运动不能持续进行。由于三种能量系统供 ATP 再合成的速率(输出功率)不同,在满足不同强度运动时,会启动不同的能量系统并以此供能为主。在众多的调控因素中,胞质内的 ATP 与 ADP 的浓度比值尤为重要,它反映机体消耗 ATP 与 ADP 再合成为 ATP 的速率关系,运动强度越大,消耗 ATP 就越快,比值下降越明显。在启动不同能源物质参与 ATP 再合成时,其直接因素是运动强度,而运动持续时间则取决于不同供能系统能量输出功率的巨大潜力和储存量。

1. 运动强度及持续时间的影响

(1)极限强度运动与次极限强度运动:最大强度的运动必须启动能量输出功率最快的磷酸原供能系统。由于该系统供能可持续 7.5 s 左右,首先动用 CP 使 ATP 再合成,当达到 CP 供能极限而运动还须持续下去时,必须启动能量输出功率略慢的糖酵解供能系统,表现为运动强度略有下降,直至运动结束。

(2)递增负荷的力竭性运动:运动开始阶段,由于运动强度小,能耗速率低,有氧代谢供能系统能量输出能满足其需要,故启动有氧代谢供能系统(主要是糖的氧化分解)。随着运动负荷的逐渐增大,当有氧供能达到最大输出功率,仍不能满足因负荷增大而对 ATP 的消耗时,必然导致 ATP 与 ADP 的比值明显下降,此时,必然动用输出功率更大的无氧供能系统,因磷酸原供能系统维持时间很短,所以此时主要是糖酵解供能系统供能,直至力竭。

(3)中低强度的长时间有氧耐力运动:该运动由于持续时间长(如马拉松),因此运动强度一定要适应最大有氧供能能力的范围。运动的前期以启动糖有氧氧化供能为主,后期随着糖消耗程度增加而逐渐过渡到以脂肪氧化供能为主。由于脂肪氧化的耗氧量大、动员速度慢、能量输出功率小于糖有氧氧化供能等,故脂肪动用只能在运动后期出现,但在后期的加速、冲刺阶段,仍动用糖来供能。

2. 训练水平的影响 训练水平对能源物质动用的影响,除技术因素外,主要表现在以下两个方面。

(1)能量利用的节省化:与训练水平低者相比,训练水平高者动用同一供能系统的能力强,表现为持续时间长、能量利用率高。

(2)体内能源物质的储存量多并动用快:训练水平高者肌肉中的 CP 含量和肌糖原含量等较训练水平低者多,而动用同一供能系统的最大供能的持续时间也较长。

(三)能量连续统一体的理论

1. 能量连续统一体的概念 如前所述,ATP 是体内的直接供能物质,体内的 ATP 含量很低。为保证 ATP 直接供能的连续性,必须边分解边合成,并且合成速率与消耗速率相平衡。供 ATP 再合成的途径有三条,即三种能量系统,每一种能量系统都有它特定的输出功率和持续时间,来满足在不同运动中、在强度变化的不同时间内 ATP 再合成的需要。由于不同能量系统的能量输出(即 ATP 再合成)之间与完成不同类型运动项目的全过程之间是一个能量连续的统一整体,因此,运动生理学把不同类型的运动项目的能量供应途径之间,以及各能量系统之间相互联系形成的一个连续统一体,称为能量连续统一体。

2. 能量连续统一体的形式　人体内的三大供能系统,按能量输出方式可分为无氧供能和有氧供能两种形式。若每个能量系统,以最大功率输出所能持续的运动时间来划分,又可分为以下两种表示形式。

(1) 以有氧和无氧供能百分比的表示形式:根据不同运动项目无氧和有氧供能比例,确定各类活动在能量连续统一体中的相对位置。根据其位置便能了解该运动项目无氧和有氧供能的百分比。

(2) 以运动时间为区分标准的表示形式:Fox 提出以运动项目的运动时间来确定不同的运动项目在能量连续统一体中的位置,并依此将统一体划分为四个区域(表3-5)。

表 3-5　能量连续统一体的四区

区域	运动时间	主要供能系统	活动类型举例
1 区	短于 30 s	磷酸原供能系统	铅球、100 m 跑、高尔夫球和网球的挥拍、足球后卫的带球跑
2 区	30 s~1.5 min	磷酸原供能系统、糖酵解供能系统	200~400 m 跑、速度滑冰、100 m 游泳
3 区	1~3 min	糖酵解供能系统和有氧代谢供能系统	800 m 跑、各项体操、拳击(3 min 一回合)、摔跤(2 min 一回合)
4 区	长于 3 min	有氧代谢供能系统	橄榄球和长曲棍球(守门员除外)、越野滑雪、马拉松、慢跑等

在一项运动中,三种能量系统供能百分比与运动时间即功率输出之间有着紧密的依存关系。运动时间越短,功率输出越大,能量需要也越多。因此,能量连续统一体的一端是时间短、强度大的运动(如 100 m 跑),主要由磷酸原供能系统来供能使 ATP 再合成;能量连续统一体的另一端是运动时间长、强度小的运动(如马拉松),几乎全部由有氧系统供能使 ATP 再合成;处于能量连续统一体中间区域的运动,根据运动的特点,由有氧系统和无氧系统以不同的比例供能使 ATP 再合成。

二、肌肉系统与运动训练

(一) 骨骼肌纤维类型的区分

早在三百多年前就已有人发现动物骨骼肌纤维有红色和白色两种颜色,且运动能力也随颜色而有所不同。后来有人用电刺激法证明红色肌纤维收缩速度较慢,不易疲劳;白色肌纤维收缩速度较快,易疲劳,并提出将骨骼肌划分为红肌和白肌两种类型。以后不断有人从组织学、生理学、生物化学、组织化学等方面对动物骨骼肌纤维的结构、功能及代谢特征进行较全面的研究,发现红色肌纤维不一定都收缩慢。因此,根据收缩机能又将骨骼肌纤维划分为慢肌(ST)和快肌(FT)两种。

20世纪60年代以前人们对人类骨骼肌纤维类型的研究很少,后来因为联系了运动训练实际,从而迅速展开了在运动生理学领域的研究。目前公认将人体骨骼肌纤维分为Ⅰ和Ⅱ两个类型,Ⅱ型中又分为三个亚型。Ⅰ型为慢缩肌,Ⅱ型为快缩肌;Ⅱa型为快缩红肌、Ⅱb型为快缩白肌、Ⅱc型为一种未分化的较原始的肌纤维,此型数量较少。

(二)骨骼肌的收缩机制

骨骼肌收缩时,所表现的收缩力从很小到很大,其收缩力的大小受两种条件的控制,即引起收缩的运动单位和神经冲动的强度。

1. 骨骼肌收缩的运动单位 运动单位是骨骼肌的基本作用单位,骨骼肌的纤维均被组织成运动单位。每一运动单位包括一个运动神经元和该神经元所支配的所有肌纤维。不同肌群的运动单位中所含的肌纤维数有很大的差异,当单一的运动单位募集时,可使整块肌群出现轻微收缩,更多的运动单位募集时,则使肌肉产生更大的张力。当某一运动单位的运动神经元受刺激时,此单位中所有肌纤维一起收缩。如果某一运动单位中有较多肌纤维,则其收缩力强,反之,若仅含有数条肌纤维,则其收缩力弱。因此,肌肉的收缩力可因参加收缩的运动单位多少或运动单位的大小而不同。

2. 神经冲动的强度 当中枢神经系统为某一神经元提供刺激时,要视该神经刺激度是否超过该神经纤维的刺激阈值。如果强度超过刺激阈值,当神经冲动传至神经肌肉接头处的运动终板时,则释放出一种称为乙酰胆碱的化学物质,从而造成细胞膜的去极化和钙离子的快速流入,进而引起所有肌纤维的兴奋而收缩。肌肉收缩实际上是肌球蛋白丝和肌动蛋白丝交互作用的结果。此作用使肌动蛋白丝向肌球蛋白丝接近,而造成肌纤维缩短,即由肌动蛋白丝与肌球蛋白丝之间的横桥产生滑动、钩接引起肌纤维缩短,而横桥活动的能量来源于ATP。

(三)骨骼肌纤维类型与运动的关系

1. 运动员的骨骼肌纤维类型 骨骼肌纤维类型与运动关系的一个重要方面,表现在运动员的肌纤维百分比组成具有明显的运动项目特异性,如各项目世界优秀选手的肌纤维类型百分比组成情况如下:参加时间短的剧烈运动项目(如短跑、举重)的运动员肌肉中快肌纤维明显占优势;而参加耐力性项目(如马拉松、长跑等)的运动员肌肉中慢肌纤维比较占优势;对有氧能力和无氧能力需求均较高的中跑运动员,其两类肌纤维分布比例接近相等,类似的情况亦见于跳高运动员。然而,应当指出的是,运动员的肌纤维构成并不是决定运动成绩的唯一因素,肌纤维类型的分布只是影响运动成绩的因素之一,优异的运动成绩最终是由生理、生化、心理和生物力学等"支持系统"共同作用的结果。

2. 运动训练对骨骼肌纤维的影响

(1)运动训练对骨骼肌纤维类型转变的影响:优秀运动员的主要肌群中,两类肌纤维的百分比组成与运动专项有明显的依存关系。这一事实必然使人们考虑这种关系是不是由于训练所导致的肌纤维的互变引起的。目前快肌纤维亚型(Ⅱa、Ⅱb、Ⅱc)之间的互相转化已经得到公认,但是对于Ⅰ型与Ⅱ型之间的转变尚存在不同观点。许多运动生理学家认为每个人生来各肌肉中肌纤维的百分比组成是固定的,是由遗传基因决定的,不能通过训练改变;运动员某种肌纤维类型占优势,是"自然选择"的结果;还有一些人则认为,训练可以改变其纤维类型,Ⅰ型与Ⅱ型之间可以转换,持这种观点的人认为Ⅱ型纤维可以通过Ⅱc向Ⅰ型转化,即Ⅱc是Ⅱ型向Ⅰ型转换过渡的中间阶段。这两种观点各有各的实验支持,且这种争论仍在继续。

(2)运动训练对肌纤维面积和肌纤维数量的影响:经常进行体育锻炼和系统的运动训练,可使运动者骨骼肌组织壮大,肌肉功能得以改善。组织壮大的原因与肌纤维增粗(肥大)、肌原纤维增多有关,但前者的作用更为明确,也更为明显。在肌纤维肥大方面,研究发现,不同类型骨骼肌纤维的肥大似乎与运动训练的形式有关,即不同形式的运动训练可优先造成主要运动肌肉内部某类型肌纤维的肥大,这种现象称为肌纤维的选择性肥大。

(3)训练对肌纤维代谢特征的影响:

①训练对有氧氧化能力的影响:一些追踪研究实验证明,肌纤维对训练所产生的适应还表现为选择性的肌纤维亚型结构及酶活性的改变。耐力训练可使慢肌纤维中的线粒体数目增多、体积增大、琥珀酸脱氢酶活性提高,从而使慢肌纤维的有氧氧化能力明显提高。在慢肌纤维有氧氧化能力提高的同时,在快肌纤维中,琥珀酸脱氢酶活性也显著增强,这说明两类肌纤维均有提高有氧代谢的潜力,因而快肌纤维百分比高的人,通过训练仍可以获得更高的有氧氧化能力。

②训练对肌纤维无氧代谢能力的影响:现有文献报道,力量和速度训练可能使骨骼肌无氧代谢能力得到提高,如在不同项目的优秀田径运动员中,其骨骼肌中的乳酸脱氢酶活性以短跑运动员最高,长跑运动员最低,其他项目介于二者之间,但将这些变化与耐力训练引起的有氧代谢能力的变化幅度相比较时,速度和力量训练引起的无氧代谢能力的变化,其幅度并不十分显著。

③训练对肌纤维影响的专一性:实验表明训练所引起的肌纤维的适应变化,具有很明显的专一性,这不仅表现在不同的运动专项和不同训练方式上,而且也表现在局部训练上,即使同一个体,各部位肌肉的活动程度不同,反应亦不同。如有人发现,划船运动员由于多用臂部,故臂部慢肌纤维相对面积高达74.5%,游泳运动员由于臂腿并用,故其腿部和臂部慢肌纤维相对面积分别为84.4%和73.7%。关于琥珀酸脱氢酶活性的研究亦得到相似的结果,即琥珀酸脱氢酶活性在活动最大的肌肉中最高,无训练者腿肌琥珀酸脱氢酶的活性较臂肌高25%;自行车运动员腿肌琥珀酸脱氢酶的活性明显大于臂肌,而划船运动员臂肌的琥珀酸脱氢酶的活性明显高于腿肌。

三、神经系统与运动训练

(一)人体运动神经控制

人体运动是由运动神经元冲动的传导而产生的。在人体肌肉中,最为重要的两种肌肉感受器为肌梭和高基腱梭。正是由于肌肉感受器的存在,中枢神经系统才有可能实现对人体肌肉活动的控制。

在大脑皮质上有两个含有特殊神经元的区域,此区域受刺激时能引起各种肌肉活动,而每一区域都可以引起特定的活动模式。第一区域为主要运动区,第二区域为运动前区。

在第一区域(主要运动区)中,人体各部分动作模式都以不同的方式储存在这一区域各自小区中,并有机连接,使人体活动达到精细化的协调程度;在第二区域(主要运动前区)中,另一类运动神经元位于此区,由于该区运动神经元与小脑连接,而小脑又负责人体肌群活动的协调性,因此,其对形成活动技能也是十分重要的。

(二) 技能建立神经通路

1. 学习的神经基础分类 在学习的神经基础研究中,把学习分为明晰性学习和内隐性学习。在学习理论的认知心理学上,把前者称为人、场景和条件的学习,后者称为感知和运动技巧等的学习。

(1) 明晰性学习:这种学习往往涉及同时出现的数种刺激联合,允许存储关于一次事件发生时间和地点的信息,它依赖于对信息获得和回忆的意识表达,依赖于评价、比较和推理等认知过程。它往往只需要经过一个测试和以往经验即能建立,并能运用语言简明地表达出来。

(2) 内隐性学习:这种学习具有自主和反射的性质,需要反复多次的尝试和积累,涉及顺序性刺激的联系,允许存储关于各种条件之间预测关系的信息。内隐性学习的成果主要表现为执行一定任务的操作有了改进和完善。这种学习是通过激活执行学习任务的特定的感觉系统和运动系统来实现的。

2. 运动技能学习的神经通路 运动技能的学习属于内隐性学习,是一种反射性学习。运动技能的学习必须包含新的运动环节的形成,需要形成新的突触通路或对已存在的神经通路进行改造。动物实验证明从丘脑的外侧核到大脑运动皮质的输入对学习技巧性运动是非常重要的。另外,从小脑、基底神经节到丘脑外侧核输入,以及由大脑皮质输出到小脑、基底神经节的神经网络联系通路也参与技巧性运动的学习。在大脑皮质体感区、运动区和联合区(角回)之间有着运动技能学习的皮质神经联系。如初学网球的正手击球,该动作过程受大脑皮层运动皮质中负责该活动的各身体部位的运动小区控制,从各小区引起的一系列反应冲动经由锥体径而到达位于脊髓中的低级运动神经元,然后传达到所做动作的各特殊肌肉之中;而后又通过肌肉感受器(肌梭、高基腱梭)使大脑获得感觉信息,并经过大脑、小脑共同协调动作。一旦学会这一击球动作,此种活动模式就变得较少需要意识的控制,原由大脑主控的动作,转化为一种模式储存在运动前区。故有人称运动区为"技能学习区",运动前区为"运动技能储存区"。运动技能一旦储存于"运动技能储存区",这种技能才能称为"自动化技能",简言之,这种技能很少受意识的控制而达到熟练化、自动化,这对于形成多种技能,并使之自动化十分重要。

四、心肺系统与运动训练

氧气是 ATP 产生的重要条件。氧气必须从空气输送到肌肉中的线粒体内并被应用,氧气由空气进入线粒体需涉及两大系统的工作,即呼吸系统和血液循环系统。

(一) 气体交换及其输送

新鲜空气进入肺泡后,空气与血液之间的氧气与二氧化碳的交换就开始进行,这就是第一阶段的气体交换,发生在肺泡血管膜上,肺泡周围极薄的组织层将肺泡中的空气与肺泡微血管中的血液隔开。第二阶段为血液和骨骼肌组织间的气体交换,在组织-微血管膜上进行。气体交换从第一阶段到第二阶段受多种因素的影响。从运动训练的角度看,主要受红细胞数目和血红蛋白含量,以及肌肉中的微血管数目和微血管的密度等因素制约。

血液以两种方式输送氧及二氧化碳:一是溶解于血液中;二是与血液做化学的结合。在正常状态下,氧气溶于血液中的含量并不高,因此,氧的输送主要采用第二种方式。大部分的氧气与红细胞的血红蛋白做化学的结合被输送。氧气与血红蛋白结合,随着血液的流动,由血管动脉经微动脉,再经毛细血管,最后到达气体交换的第二阶段位置,进入细胞的线粒体。

（二）输送气体的血流分配

在运动训练中,通常采用心率测量方法,来估算运动员的血液循环系统的功能,了解运动强度的大小;接受科学运动训练的人与正常人的每搏输出量和心率是不一样的。

安静状态下,一般人每搏输出量为 70~80 mL,心率为 60~80 次/分;接受科学运动训练的人,每搏输出量为 100~110 mL,心率为 40~55 次/分。在最大强度下,一般人每搏输出量为 110~120 mL;接受科学运动训练的人,则为 150~170 mL。

运动时,随着心排血量的增加,血液的分配也发生了变化,其中,最大强度运动时,肌肉可获得 85% 的分配,而安静时,仅为 15%（表 3-6）。

表 3-6 安静时和最大强度运动时的血液分配

状态		器官								
		骨骼	脑	心脏	肾脏	肝脏	肌肉	皮肤	其他	合计
安静时	占比/(%)	5	15	5	25	15	15	5	5	100
	血流量/(L/min)	0.3	0.9	0.3	1.5	1.5	0.9	0.3	0.3	6.0
运动时	占比/(%)	0.5	4	4	2	3	85	0.5	1	100
	血流量/(L/min)	0.15	1.2	1.2	0.6	0.9	25.5	0.15	0.3	30

安静与运动状态下血液分配有显著变化。运动时血液的改变受两种因素的影响:一是身体肾、肝、皮肤等的动脉血管因收缩而变细;二是供应骨骼肌的动脉血管和骨骼肌内的毛细血管的扩张。正是这种生理性的变化,确保了骨骼肌内能输入大量带氧的血液。

（三）输氧系统的基本功能

在耐力运动训练中,人体所需的ATP来自有氧代谢系统,因此,输氧系统的功能是非常重要的。在竞技运动项目中,耐力项目选手的最大摄氧量最高。由此可见最大摄氧量水平与耐力素质之间的关系。然而,最大摄氧量的大小有 93% 受先天遗传因素的影响,运动训练对提高最大摄氧量的作用并不明显。但是运动训练对提高最大摄氧量的利用率价值甚高。所以,最大摄氧量利用率可作为评定运动强度的指标。

知识拓展
3-3

最大摄氧量利用率与乳酸生成关系密切,最大摄氧量利用率达到一定程度时乳酸开始聚集。一般人在 $60\% VO_{2max}$ 时,乳酸聚集水平已显著上升,而接受科学运动训练的耐力运动员在接近80％VO_{2max}时乳酸才开始聚集。在实践中，人们往往利用最大摄氧量利用率与乳酸生成的密切关系，通过检测乳酸浓度来了解人体的输氧能力。

第四节 运动营养

一、运动与营养

现代竞技体育的发展已由过去"苦练""干练"逐渐转变为科学训练结合营养辅助。运动训练能量代谢一般强度较大，多数运动能量消耗达安静时的5～10倍，甚至上百倍。并且能量的消耗率高时，会伴有不同程度缺氧，训练时的能量消耗可超过重体力和极重体力劳动的能量消耗，且运动能量消耗集中于数小时内。

合理的营养为运动提供适宜的能源物质，并保证能源物质的良好使用。研究发现，肌纤维中的能源物质（肌糖原）的水平与运动外伤的发生有直接关系，如正常肌糖原量为300～400 g，在运动刚开始、肌糖原被耗尽时，易发生运动损伤。合理营养有助于剧烈运动后的恢复，可减轻运动性疲劳的程度或延缓其发生，有助于解决运动训练中的一些特殊医学问题。因此，良好的营养状态是运动员成长的重要因素。

二、运动和三大营养物质

（一）运动和糖

糖在人体内的存在形式有三种，即肌糖原、肝糖原和血糖。糖在人体内总储存量为500 g左右，其中肌糖原在人体内的储存量为400 g左右，肝糖原在人体内的储存量为100 g左右，血糖在人体内的储存量为5 g左右。训练水平较高的运动员肌糖原储存量可高达600～800 g，肌糖原储存量越高，运动员运动至疲劳的时间越长，冲刺能力越强，运动水平越高。

1. 运动中糖的特殊生理功能

（1）提供能量。这是糖在体内最重要的生理功能。糖是机体最主要的供能物质，短时间大强度运动时的能量绝大部分由糖供给；长时间小强度运动时，首先利用糖氧化供能后才逐渐运用脂肪和蛋白质。运动中肌肉摄取糖的量为安静时的20倍或更多；耗氧量少，在消耗等量氧的条件下，糖的产能效率比脂肪高出4.5倍。糖最容易氧化且氧化完全，形成CO_2和H_2O，很容易排出体外，不增加体液的酸度。

（2）含糖食物可提供B族维生素及少量矿物质。

（3）调解脂肪酸代谢，具抗生酮作用。三羧酸循环是糖、脂肪、糖白质分解代谢中彻底氧化释放能量的一个共同途径。若缺乏糖，脂肪分解不能经三羧酸循环而完全氧化，因而形成丙酮、β-羟丁酸和乙酰乙酸（即所谓的酮体）。

2. 运动中糖的代谢特点 运动中最直接、最快速的能量是ATP，但储存量极少，仅能维持数秒，血糖是剧烈运动中ATP再合成的主要基质。虽然有氧氧化ATP最大生成率仅为无氧酵解的1/4，但是无氧酵解仅能维持数秒，以后有氧代谢功能逐渐增强。长时间剧烈运动、肌糖原耗竭会影响运动能力。

3. 运动员补糖 糖对从事运动的人来说是最重要的能量营养素。机体中糖储存很有限,当糖耗竭时,运动员就不能维持运动的强度并感到疲劳。由于在长时间耐力运动和比赛中体内要消耗大量肌糖原和肝糖原,在运动前和运动后补充适量的糖是有好处的,可以防止低血糖发生,使血糖维持在较高水平,推迟疲劳的产生,保持良好的耐力和最后冲刺的能力。补充淀粉或葡萄糖有利于肌糖原的合成;补充果糖有利于肝糖原的合成,补给果糖时肝糖原合成的速度比以同样的方式补充葡萄糖提高 3.7 倍。目前给高水平运动员补糖大多补充低聚糖(含 3~8 分子葡萄糖),低聚糖有血液渗透压较小又易消化等优点。

(1) 运动前补糖:确保肝糖原和肌糖原的储备,以满足特殊运动的需求。在运动前补充糖时,每千克体重约补充 1 g 糖为宜,一次补糖的总量应控制在 60 g 之内,补糖量不超过 2 g/kg,可在大运动量前数天内增加膳食中糖类至总能量的 60%~70%(或 10 g/kg);在赛前 1~4 h 补糖 1~5 g/kg(宜采用液态糖);不宜在赛前 30~90 min 内吃糖,以免血糖浓度有下降;在赛前 15 min 或赛前 2 h 补糖,血糖浓度升高快,补糖效果较佳,有利于提高运动员的运动能力。

(2) 运动中补糖:每隔 30~60 min 补充含糖饮料或容易吸收的含糖食物,补糖量一般不大于 60 g/kg,多数采取饮用含糖饮料的方法,少量多次;也可补充易消化的含糖食物。补糖不能防止疲劳,但可以使疲劳推迟 30~60 min 发生。

(3) 运动后补糖:时间越早越好。理想的是在运动后即刻、头 2 h 以及每隔 1~2 h 连续补糖,运动后 6 h 以内,肌肉中糖原合成酶活性高,可使肌糖原的恢复达到最大水平,补糖效果最佳。每次补糖的量是 0.75~1 g/kg,24 h 补糖总量达 9~16 g/kg。

(二) 运动和蛋白质

蛋白质是以氨基酸为组成单位、由肽键相连的具有稳定空间结构的生物大分子,是由碳(C)、氢(H)、氧(O)和氮(N)四种基本元素组成的。

1. 运动中蛋白质的作用

(1) 氨基酸氧化可为运动提供 5%~15% 的能量:这与糖原储备、运动类型、强度和持续时间有关,通常提供 6%~7% 的能量。

(2) 肌肉组织在一段力量训练和适量蛋白质营养支持下可以增加:有实验证实采用高蛋白饮食(2.8 g/(kg·d))者进行有氧和力量训练 40 天比中等蛋白质饮食(1.39 g/(kg·d))者身体蛋白质增加更为明显。

(3) 体育运动使体内蛋白质代谢发生变化:耐力性运动使蛋白质分解加强,合成减少,机体尿氮、汗氮排出量增加;而力量性运动使蛋白质分解加强的同时,活动肌群蛋白质的合成也加强,并大于分解速度,因而肌肉壮大。

2. 运动对蛋白质需要量的影响 运动员的蛋白质需要量比一般人高,额外的蛋白质补充能帮助身体因运动而受到的损害的恢复,可提供原料来重建流失的肌肉蛋白质。未经锻炼的肌肉比较容易受伤,新运动员或普通人群在接受初步或进一步锻炼时,都应适当加强蛋白质营养(2 g/(kg·d)),可预防负氮平衡和运动性贫血。在运动时或运动后使用糖类补充品,能促进胰岛素的分泌,减少蛋白质的流失,因此,能量短缺和糖原储备不足将增加蛋白质的需要量,可增加 10%;控制体重项目的运动员,蛋白质供能可达总热量的 18%。

(三) 运动和脂肪

1. 运动中脂肪的作用

(1) 脂肪是运动的能量来源。首先,脂肪提供的能量占热源食物的25%~30%,与糖相比,脂肪具有重量轻、能量密度高、发热量大的特点,因此,可缩小食物体积,减轻食物重量;其次,脂肪在体内的储存量很大,普通健康男性为10~20 kg,运动员体脂很低,但其储存量仍然超过运动所需的量,肌肉中储存的脂肪为200~300 g,红肌中脂肪含量约为白肌脂肪含量的3倍。但在缺氧较明显的运动中,脂肪不能有效被利用,如极限强度运动时,自由脂肪酸氧化不明显,并且脂肪含量高的膳食会使运动员的耐力下降,应适当控制。

(2) 脂肪为长时间低强度运动提供能量。在中低强度运动中,25%~50%的能量来自脂肪酸的氧化,而高强度的运动则主要由糖供能。

(3) 脂肪供能增加时,可节约糖原消耗,提高耐力。经高强度训练的运动员对脂肪氧化分解的能力高。

(4) 富含脂肪的食物属酸性物质,运动前或比赛前应以低脂高糖食物为主。

2. 运动中的脂肪代谢 运动中人体组织的甘油三酯被动员后,分解为甘油和游离脂肪酸(FFA),FFA在血液中的浓度变化可分为以下三个时期。

(1) 循环期:在运动开始后的前10 min,血浆中的游离脂肪酸和甘油为肌肉利用而浓度下降。

(2) 代谢期:运动30 min左右血浆中游离脂肪酸和甘油水平逐渐升高并超出正常含量。

(3) 恢复期:运动后,血浆游离脂肪酸和甘油水平上升至最高水平,然后恢复到正常值。

运动过程中脂肪代谢的速度受肌肉氧化脂肪酸的能力和肌细胞转运脂肪酸过程的快慢的影响。在运动过程中脂肪组织动员脂肪的分解较慢,常在运动30~60 min后脂肪分解为甘油和脂肪酸的速度才达到最大,血浆游离脂肪酸浓度达到最高水平并成为肌肉收缩的主要能源。运动训练是提高人体氧化利用脂肪酸能力最有效的措施,可使骨骼肌线粒体数量、体积、单位肌肉毛细血管密度、线粒体酶和脂蛋白酶的活性增加。因此,训练有素的运动员利用脂肪酸的能力比一般人强。

运动可调节脂肪代谢,优秀运动员高密度脂蛋白胆固醇(HDL-C)水平升高,可降低低密度脂蛋白胆固醇(LDL-C)水平,延缓动脉粥样硬化的发生。

3. 运动员的脂肪需要量 运动员适宜膳食中脂肪量为总能量的25%~30%,适宜摄入胆固醇300~500 mg/d。不同运动项目的运动员脂肪摄入量有所不同,缺氧项目,如登山应少些,游泳及冬季项目可多些,但不宜超过总热量的35%。应适当限制运动员过多食用脂肪,脂肪过多时,会降低耐力并引起疲劳,降低蛋白质和铁的吸收水平,以及导致高脂血症。

三、运动营养食品

运动营养食品是与运动相关的一类功能食品。目前比较一致的观点认为运动营养食品是一类能够针对性地满足运动者代谢和生理功能需求的、具有高营养素密度和高生物活性的食品,其合理补充可促进运动者的健康和运动能力的提高。

运动营养食品和保健食品不能画等号,两者都是功能性食品,有交叉的部分,但保健食品的范围更广一些,运动营养食品只涉及与运动有关的那一部分。在我国保健食品管理部门设定的27项食品功能中,只有增强免疫功能、抗氧化功能、改善睡眠功能、缓解体力疲劳功能、提高抗缺氧耐受能力和改善营养性贫血功能6项是与运动相关的。也就是说,只有这6类保健食品有可能成为运动营养食品。

1. 运动营养,能量当先　任何形式的运动都是以消耗能量为基础的。当机体能量供给不能满足运动的需要时,人的体能和运动能力都会下降,人也会发生疲劳,控制和纠正运动动作的能力也会受到损害,不仅达不到运动的要求和目的,而且很容易在运动过程中发生意外伤害。另外,肌肉生长是要消耗能量的,没有足够的能量,也不可能保证肌肉的正常生长。

这一类运动营养食品的代表是运动饮料和能量棒,能量棒与运动饮料相比具有方便、快捷的特点。在运动前、中、后补充足够的能量可以增加能量储备,防止和减少训练过程中肌肉蛋白质的分解,延缓运动疲劳的发生,促进运动后疲劳的恢复。更重要的是,能量储备充足以后,运动能力和肌肉做功的能力都会大大提高,从而增强训练的效果。

(1) 运动饮料:运动饮料能够及时补充机体在运动时消耗的水分和电解质,使机体内环境维持平衡,还能为运动者高效、合理地补充能量。运动饮料有以下特点。

①低渗透压:研究表明低渗溶液的胃排空率高于高渗溶液,而且低渗溶液相比等渗和高渗溶液在人体能产生较大的水分吸收量,因此,要使水分及其他营养成分尽快通过胃,并充分被吸收,运动饮料应该是低渗饮料。

②科学的糖含量:糖是运动饮料的必含成分,以满足机体快速补充能量的需要。运动饮料的糖浓度应控制在5%～10%,并以3～10个单糖组合而成的中低聚糖为主。低聚糖在相同浓度下渗透压低,而且甜度低、口感好、胰岛素反应低,可以在保证运动饮料低渗透压的同时为机体补充尽可能多的糖。

③适量的电解质:电解质是指在水溶液或熔融状态下能够解离、带有电荷可以导电的一类物质,主要包括钠、钾、氯等一些无机离子,对维持体液渗透压平衡、酸碱平衡以及神经肌肉细胞的兴奋性发挥着重要的作用。运动饮料含有一定量的电解质,可迅速补充运动时大量出汗丢失的钠、钾等离子,这样有助于水和糖的吸收,并防止肌肉抽搐、身体乏力以及运动能力的下降。

④无碳酸气、无咖啡因、无酒精:碳酸气不仅对饮料口味有影响,而且会引起胃部的胀气和不适,如果过快大量饮用碳酸饮料,有可能引起胃痉挛甚至呕吐等症状。有研究证明碳酸气能显著降低饮料的摄入量。咖啡因和酒精都有一定的利尿、脱水作用,会进一步加重体液的流失,不利于体液的恢复和保留。此外,二者还对中枢神经有刺激作用,不利于疲劳的恢复。

(2) 能量棒:能够迅速补充能量的棒状食品。它含有碳水化合物,可以持续地为人体提供优质能量。能量棒还含有一定量的优质蛋白质,这对于人体的各种组织特别是肌肉的修复、保持和增长是非常重要的。

能量棒不同于巧克力和压缩饼干,巧克力和压缩饼干脂肪含量高,虽然含有很高的热量,但并不能为人体提供优质的能量,还会导致脂肪摄入超标,而能量棒则在保证能量摄入的前提下限制脂肪的摄入量,还能全面补充维生素、微量元素、丰富的支链氨基酸(亮氨酸、异亮氨酸、缬氨酸)、肌酸和谷氨酰胺,能有效地帮助运动者抗疲劳、增肌。同时能量棒体积小、方便携带,在全面提供营养素的前提下,不增加胃肠道的负担。

2. 健美健身,完美肌肉 对于增肌来说,力量训练固然重要,但是营养同样不可忽视,因为营养充足是肌肉生长的前提,就好像盖房子首先要有"砖头"一样,而优质的蛋白质、氨基酸等就是长肌肉所需要的"砖头"。有了"砖头",还要有优质的"水泥"将它们粘合起来,肌酸、谷氨酰胺等就像"水泥"一样,发挥着蛋白质合成黏合剂的作用,促进肌肉的生长。

(1) 蛋白粉:蛋白质是构成肌肉的基石,也是肌肉生长的基础。如练健美操需要每天至少摄入 1.6 g/kg 的优质蛋白质,一个体重 75 kg 的人每天就需要摄入 120 g 以上的蛋白质。要想达到蛋白质摄入标准,补充蛋白粉是比较方便的,而且蛋白粉可以提供比食物更优质的蛋白质。

蛋白粉中蛋白质的种类比较多,有乳清蛋白、鸡蛋蛋白、大豆蛋白、酪蛋白等。不同种类的蛋白质具有不同的特性和使用目的,其中乳清蛋白的吸收最快、吸收率最高,在训练以后,乳清蛋白是最佳的蛋白质补充剂,可以快速补充肌肉细胞对蛋白质的需求。鸡蛋蛋白的吸收利用率和生物学价值都低于乳清蛋白,但是它的消化时间相对中等,因此,鸡蛋蛋白可以持续地供给机体对蛋白质的需要。酪蛋白的消化时间非常缓慢,可达 2.5~4 h,比较适合在临睡前使用,在夜间保证蛋白质的供给。大豆蛋白是植物蛋白中唯一一种完全蛋白,包括人体所需的各种氨基酸,大豆蛋白的吸收利用率要比乳清蛋白和鸡蛋蛋白低,但是它对于女性健康有非常好的作用。

(2) 肌酸:可增加肌肉力量和瘦体重,口服肌酸可以使运动者进行更高强度的训练,通过"肌肉产生力量,力量产生肌肉"的循环,促进肌肉的生长;可增加肌肉围度,肌酸可以把水带进肌肉,使得肌细胞的体积增大,有利于肌细胞吸收氨基酸,合成蛋白质,促进新肌的生长。实验证明,肌酸和糖同时使用对瘦体重和增加力量的作用更强。

(3) 刺激激素分泌、抗分解的营养物质:某些营养物质具有很强的促进体内同化激素分泌、促合成的作用,可以促进肌肉蛋白的合成,减少因训练造成的肌肉蛋白分解。

①谷氨酰胺:肌肉中最丰富的游离氨基酸,占人体游离氨基酸总量的 60%。在高强度运动或疾病、营养状态不佳等情况下,机体自身的合成无法满足对谷氨酰胺的需求。当机体在大强度运动时,体内谷氨酰胺水平会下降 50%,而且要在运动后较长一段时间才可恢复到原来的水平。若运动时不能及时地补充足够的谷氨酰胺,机体就会分解肌肉蛋白以满足机体对谷氨酰胺的需求,这不仅影响了肌肉的大小和力量,而且还会降低机体的免疫能力,及时适量地补充谷氨酰胺能有效地防止肌肉蛋白的分解、增加细胞体积、促进肌肉增长。同时谷氨酰胺还可刺激生长激素、胰岛素和睾酮的分泌,使机体处于合成状态,还在一定程度上减少了运动中因乳酸堆积造成的运动能力下降和疲劳。

②支链氨基酸(BCAA):对任何运动项目来说都是最重要和最有效的营养补剂,可增强肌肉耐力和重建肌肉内的蛋白质,同骨骼肌的合成有着密切的关系,是体内骨骼肌供能的主要氨基酸。在运动时可氧化分解提供能量生成 ATP,支链氨基酸占到氨基酸

供能总量的60%，即使是在休息时，也会有部分支链氨基酸参与供能。训练期间摄入支链氨基酸能刺激生长激素的释放和提高胰岛素水平，从而起到促进合成代谢的作用。

③增肌粉：是由高蛋白、低能量、低脂肪构成的一种营养补剂，不仅能为肌肉的生长提供丰富的原料，而且还能刺激激素的分泌，并具有抵抗肌肉分解和增加糖原合成的作用，增加瘦体重而不增加体脂。增肌粉的组成成分有清蛋白、L-谷氨酰胺、牛磺酸、单纯肌酸、磷酸钾、肉碱等。

④其他：甘氨酸、鸟氨酸、精氨酸、色氨酸、卵磷脂和泛酸硼可以刺激机体分泌促合成激素；铬、钒等亦能促进胰岛素发挥效应；锌可维持睾丸间质细胞的功能，维生素C使更多孕烯醇酮转化成睾酮，许多增肌类的运动营养食品中会添加此类物质的活性成分。

3. 运动后，疲劳恢复 及时合理的营养补充措施不仅可以延缓疲劳的出现时间或减轻疲劳的程度，而且能使疲劳快速消除，使体能迅速恢复。

(1) 系统补糖：每天的日常活动需要消耗大量的能量，机体主要的能量来源是肌肉和肝脏中储存的糖原。如果糖补充不够，会造成蛋白质大量分解，不仅影响肌肉的生长，还有可能导致机体免疫力下降。每天主食摄入量不足、运动或大量出汗后不注意合理的补充，就会影响糖原的再合成和体能的恢复。

通过摄入主食和运动营养食品来合理地补充糖，可以满足运动时的能量需求，促进运动后糖原的再合成，从而延缓疲劳出现的时间、保证体力迅速恢复，同时可以避免肌肉蛋白分解、保持体型、增强身体免疫力。

(2) 及时补充蛋白质：蛋白质是细胞的主要成分，是维持组织的修复和新生的原料。运动人群由于代谢增加，组织更新加速，对蛋白质的需要量也相应增加，其中乳清蛋白是目前发现的生物学价值最高的一种蛋白质，具有吸收迅速、吸收完全、吸收率高、无脂肪和胆固醇等特点，是补充蛋白质的理想来源。

(3) 糖肽饮料：运动后肌肉中的糖原能否快速恢复是机体疲劳能否恢复的关键因素。研究发现，与单纯补充糖或蛋白质相比，蛋白质与糖混合补充能够使糖原合成速率大大提高，其机理是蛋白质加糖具有刺激胰岛素分泌的协同作用，而胰岛素是一个重要的促进糖原和蛋白合成的激素，可促进肌肉和力量的增长，加速运动后疲劳的恢复。运动后1h内服用按蛋白质和糖1∶4的比例混合而成的饮料对于减轻运动后的肌肉酸痛、促进疲劳恢复有良好的效果。如添加了糖和多肽的肽能饮料，因多肽与蛋白质相比分子质量更小，能够更快地被人体吸收利用，能够最大限度地刺激胰岛素的分泌，因而具有更好地促进疲劳恢复的效果。

(4) 抗氧化剂：运动时产生了大量的自由基，会主动攻击机体组织，体内的抗氧化剂能杀灭自由基，减轻它们对身体的伤害。补充抗氧化剂能缩短机体的恢复时间、缓解肌肉酸痛、减缓疲劳、增强免疫力。膳食中主要的抗氧化剂包括番茄红素、维生素E、维生素C、硒和牛磺酸等。

番茄红素是类胡萝卜素的一种，属于植物来源的维生素A，是目前发现的功能最强大的抗氧化剂，它的抗氧化活性是维生素E的100倍。每天补充10 mg番茄红素，对于清除体内自由基、消除疲劳、提高机体免疫力有明显的促进作用。

维生素E是细胞膜内重要的抗氧化物质，并对肌肉收缩期间的能量供给和钙离子释放与摄取有重要作用。补充维生素 E(400~1600 IU/d)可减少大强度运动和其他情况引起的自由基增加对机体的损伤。

维生素 C 具有很多生物学功能,如参与机体的氧化还原过程、造血和解毒等,补充维生素 C 可以明显降低运动引起的氧化反应。

硒是身体里一种抗氧化酶——谷胱甘肽过氧化酶的必需成分,其可以减轻运动所引起的脂质过氧化程度。补硒能够提高谷胱甘肽过氧化酶的活力,从而提高机体抗氧化能力。

四、运动员合理营养的基本要求

运动员的合理营养是基于平衡膳食的基础上,即全面、平衡、适量的饮食。营养食品一般含有丰富的糖、脂肪、蛋白质、维生素、无机盐(又称矿物质)、膳食纤维和水七种营养素。

(一)平衡膳食的基本指标

1. 膳食摄入量充足、品种多样　一般轻体力劳动者每天摄入 20 种各类食物 1500 g 左右,才能基本保证平衡膳食的要求。每人每天平均摄入食物种类及数量见表 3-7。

表 3-7　每人每天平均摄入食物种类及数量

食物类别	品种数/种	摄入量/g
粮谷类及薯类	3	400~500
干豆、鲜豆及豆制品	1	50~80
蛋及蛋制品	1	50
畜肉或禽肉	1~2	30~50
乳及乳制品	1	250
蔬菜及其制品	3~4	350~400
菌藻类食品	1	30~50
硬果类食品	1	20
植物油		15~20
食盐		10
水产品	1	50(一周内一次)
动物内脏	1	50(一周内一次)
水果	1~2	200

2. 热量食物来源构成合理　膳食中的热量主要来自四类食物,它们的组成结构建议为粮谷类食物提供热量 60%~70%,薯类食物提供热量 5%~10%,豆类食物提供热量 5%,动物性食物提供热量 20%~25%。

根据三大产热营养素的需要量,选择和确定各类食物的数量、品种。碳水化合物主要来源为粮食类,假设粮食类供给 416 g,剩余的 100 g 可从食糖、蔬菜、干水果等食物中补足,其中豆类及动物性食物所提供的热量要保证在 30% 左右。

3. 热量营养素摄入量比值合理　碳水化合物、脂肪、蛋白质三大营养素称为产热营养素,要组成合理的热量分配,碳水化合物、蛋白质、脂肪三者摄入量的比值建议为 6.5∶1∶0.7。

4. 热量结构合理　三种产热营养素所提供的热量比例建议为:碳水化合物提供热量 60%~70%,脂肪提供热量 20%~25%,蛋白质提供热量 10%~15%。

5. 蛋白质食物来源组成合理　植物性蛋白质约占 70%,动物性蛋白质约占 25%,豆类蛋白质约占 5%,其中动物性蛋白质及豆类蛋白质称为优质蛋白质,二者之和应在 30% 以上。

6. 各种营养素的摄入量均达到供给量标准　根据进食者的年龄、性别、处于什么生理状态、从事工种的劳动强度不同,各种营养素的供给量标准不同,每天各种营养素的摄入量在一个周期内(5~7 天)能平均达到标准供给量误差不超过 ±10% 即可。

(二) 运动员合理营养

(1) 食物的数量和质量应满足能量消耗需要,以保持适宜的体重和体脂。

(2) 平衡膳食和多样化,如一个运动员一天的膳食构成为能量 3500~4400 kcal,肉类 300~400 g,牛奶 250~500 mL,蔬菜 500 g 以上,主食 400~500 g,少量豆制品;能量不足或过多时,用主食、油或甜食调整。

(3) 食物应当是浓缩的,重量小。运动员一天食物的总重量不宜超过 2.5 kg。

(4) 一天的餐饮和能量分配应根据训练和比赛任务安排。一天三餐的能量分配为 30%、40%、30%。早餐要丰富、午餐要加强、晚餐不宜过多,能量消耗大时,可考虑加餐,注意选择营养密度高的食物。

(5) 运动员进餐时间因考虑消化功能和运动员的饮食习惯。训练或比赛前 1 餐应在运动前 2.5 h 完成,运动结束后应休息 40 min 再进餐。

(6) 运动员的食物在烹调和保存时应避免营养素的损失,做到色、香、味、形俱佳,以增进运动员的食欲。

(7) 运动员在获得质量良好的平衡膳食情况下,无须再额外地补充营养品。在预防营养不足对运动能力影响的同时,也应注意营养过度的不良影响。运动员与非运动员营养比较见表 3-8。

表 3-8　运动员与非运动员营养比较

食物种类	非运动员/g	运动员/g
油脂	25	30~65
奶类	100	500
豆制品	50	50
动物食品	50~100	200~500
水果 果汁饮料	200~300	500 500~1000
谷类		300~800
食用糖	300~500	20~50

知识拓展 3-4

第五节 运动性疲劳恢复

1880年Mosso就开始了对人类疲劳的研究,1915年他提出疲劳是细胞内化学变化衍生物导致的一种中毒现象。1980年Karlsson提出疲劳是丧失保持所需或预想的输出功率。

1982年第五届国际运动生物化学会议上提出运动性疲劳是"机体生理过程不能持续其机能在一特定水平或各器官不能维持预定的运动强度"现象,有别于精疲力竭(指肌肉或器官完全不能维持运动)。近些年来,对运动性疲劳概念的提法已较为明确,这些提法的共同点即生理性疲劳是由于工作或活动本身引起的,已区别于诸如疾病、环境、营养等原因所致。我国学者把"人体运动到一定时候,运动能力及身体功能暂时下降的现象"称为运动性疲劳,从生化角度来看:一是运动时能量体系输出的最大功率下降;二是肌肉力量下降或内脏器官功能下降而不能维持运动强度。

一、运动性疲劳的产生机理

自从19世纪80年代Mosso开始研究疲劳以来,人们对运动性疲劳的产生机理提出多种假说,最具代表性的有以下几种。

1. 衰竭学说 该学说认为运动性疲劳是能源物质的耗竭。长时间运动产生疲劳的同时常伴有血糖浓度降低,而补充糖后工作能力有一定程度的提高。运动中磷酸肌酸(CP)储备的下降过程见图3-1。

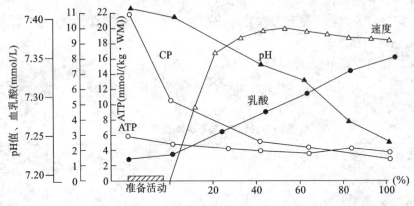

图3-1 CP储备下降程度与运动强度的关系

2. 堵塞学说 该学说认为运动性疲劳是代谢产物在肌肉组织中堆积。疲劳时肌肉中乳酸等代谢产物增多,由于乳酸堆积而引起肌肉组织和血液中pH值下降,阻碍神经肌肉接点处兴奋的传递,影响冲动传向肌肉,抑制果糖磷酸激酶活性,从而抑制糖酵解,使ATP合成速率减慢。此外,pH值下降还使肌浆中Ca^{2+}的浓度下降,从而影响肌球蛋白和肌动蛋白的相互作用,使肌肉收缩减弱。

3. 内环境稳定性失调学说 该学说认为运动性疲劳是pH值下降、水盐代谢紊乱和血浆渗透压改变。研究发现当人体失水占体重5%时,肌肉工作能力下降20%~

30%。哈佛大学疲劳研究所发现,高温作业工人因泌汗过多,达到不能劳动的严重疲劳时,给予饮水仍不能缓解,但饮用含 0.04%～0.14% 的氯化钠水溶液可使疲劳有所缓解。

4. 保护性抑制学说 该学说认为运动性疲劳是大脑皮质产生了保护性抑制。贝柯夫研究发现,狗拉载重小车行走 30～60 min 产生疲劳时,一些条件反射量显著减少,不巩固的条件反射完全消失。1971 年雅科甫列夫发现,小鼠在进行长时间工作(如 10 h 游泳)引起严重疲劳时,大脑皮质中 γ-氨基丁酸水平明显增加,该物质是中枢抑制递质。此外,血糖下降、缺氧、pH 值下降、盐丢失和渗透压升高等,也会促使皮质神经元工作能力下降,从而促进疲劳(保护性抑制)的发生和发展。

5. 突变理论 该理论认为运动性疲劳是运动过程中三维空间(能量消耗、肌力下降和兴奋性改变)关系改变所致。

代表人 Edwards 认为:在肌肉疲劳的发展过程中,存在着不同途径的逐渐衰减突变过程,其主要途径包括单纯的能量消耗;在能量消耗和兴奋性衰减过程,存在一个急剧下降的突变峰;肌肉能源物质逐渐消耗,兴奋性下降,但这种变化是渐进的,并未发生突变;单纯的兴奋性丧失,并不包括肌肉能量的大量消耗(图 3-2)。

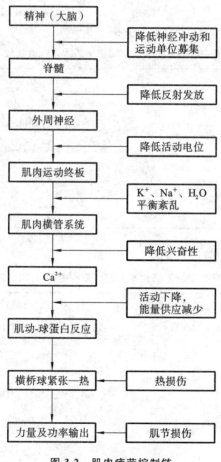

图 3-2 肌肉疲劳控制链

6. 自由基损伤学说 自由基指外层电子轨道含有未配对电子的基团,如氧自由基、烃自由基、过氧化氢及单线态氧等物质。一般在细胞内,线粒体、内质网、细胞核、质膜和胞液中都可以产生。由于自由基化学性活泼,可与机体内糖类、蛋白质、核酸及脂类等物质发生反应,因而造成细胞功能和结构的损伤与破坏。

二、运动性疲劳发生部位及特征

(1) 中枢性疲劳:指发生脑至脊髓部位的疲劳,其特点如下。

①功能紊乱:改变了运动神经元的兴奋性。疲劳时,神经冲动的频率减慢,使肌肉工作能力下降。

②代谢功能失调:大脑细胞中 ATP、CP 水平明显降低,血糖含量减少,γ-氨基丁酸含量升高,特别是 5-羟色胺和脑氨升高,可引起多种酶活性下降,ATP 再合成速率下降,从而使肌肉工作能力下降,导致疲劳。

(2) 外周性疲劳:可能发生的部位是从神经-肌肉连接点到肌纤维内部线粒体。主要表现为能源物质的大量消耗使专项所需的供能物质和代谢过程能力下降,代谢产物堆积使肌肉中代谢调节能力下降。

(3) 不同运动时间疲劳的生化特点见表 3-9。

表 3-9 不同运动时间疲劳的生化特点比较

运动时间	疲劳的生化特点
0～5 s	神经肌肉接点处疲劳
5～10 s	ATP、CP 减少,快肌中乳酸堆积
10～30 s	ATP、CP 消耗量最大,肌肉乳酸堆积
30 s～15 min	ATP、CP 消耗,血乳酸上升最高
15～60 min	ATP、CP 消耗,肌糖原消耗最大
1～6 h	肌糖原下降至 0,肝糖原下降,体温上升,脱水,电解质紊乱

(4) 不同代谢类型疲劳的生化特点见表 3-10。

表 3-10 不同代谢类型疲劳的生化特点比较

疲劳因素	磷酸原代谢类型	磷酸原代谢类型、糖酵解代谢类型	糖酵解代谢类型	糖酵解代谢类型、有氧代谢类型	有氧代谢类型
ATP 减少/(%)	30	90	20～30	30	不变
CP 减少/(%)	90 以上	中	75～90	65	50
乳酸积累	少	少	最多	较多	少
pH 值下降	—	—	pH 为 6.6(肌)	pH 为 6.6(肌)	少
肌糖原消耗	—	少	少	中	75% 以上
离子变化	—	结合 Ca^{2+} 减少	同前	—	离子平衡紊乱

三、恢复过程

(一)运动后恢复过程的生化规律

1. 超量恢复原理 超量恢复是指在一定范围内,运动中消耗的物质,运动后恢复时可超过运动前数量的现象。该原理提示要取得良好的训练效果,须采用重复训练法,且训练应安排在前次训练恢复过程的超量期进行(图 3-3)。

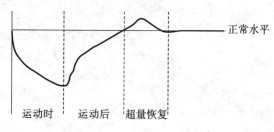

图 3-3 超量恢复

2. 运动应激-适应学说 该学说认为运动应激过程为警觉期(反应)→抵抗期(适应)→衰竭期(不适应)。运动员的训练水平是机体对训练内容的应激所产生的在解剖、生理和心理上的适应能力的总和。

(二)运动后物质代谢的恢复

运动中,能源物质消耗、代谢产物增加;运动后,能源物质恢复,代谢产物消除;各种物质的恢复和消除所需的时间是不同的,通常用半时反应来描述其恢复或消除的快慢。

运动中消耗的物质,在运动后的恢复期中,数量增加至运动前数量的一半所需要的时间称为半时反应;而运动中代谢的产物,在运动后的恢复期中,数量减少一半所需要的时间也称为半时反应。

1. 乳酸的消除作用 如果运动肌中有大量的乳酸生成,则选择氢离子透过肌膜达二分之一量的时间,作为适宜休息间歇的最适宜的时间。目前研究结果认为,30 s 全力运动的半时反应为 60 s,因此,最适宜的休息间歇为 60 s 左右。1 min 全力运动后,半时反应为 3~4 min,因此,休息时间要长达 4~5 min。在运动后恢复期,乳酸的消除速率受休息时间影响。

2. 磷酸原恢复规律的应用 在 10 s 全力运动中消耗 ATP 和大部分 CP,运动后其恢复速率见表 3-11。在 10 s 以内全力运动的训练中,2 次运动的间歇时间不能少于 30 s,保证磷酸原在尽可能短的时间内至少恢复一半以上,就可以维持预定的运动强度。组间休息间歇控制在磷酸原完全恢复时,在 4~5 min 为宜,使机体活动在一个新的起点开始。

表 3-11 运动后肌肉磷酸原储量的恢复速率

运动后恢复时间/s	磷酸原恢复/(%)
小于 10	少量
30	50
60	75

续表

运动后恢复时间/s	磷酸原恢复/(%)
90	87
120	93
150	97
180	98

3. 肌糖原的恢复　在短时间极限强度运动恢复期开始 5 h 内，肌糖原的恢复速度最快，完全恢复需要 24 h 左右。长时间、大强度运动后恢复期的前 10 h，肌糖原恢复速度最快；肌糖原的完全恢复约需 46 h；高糖膳食能明显加快肌糖原的恢复速度，如果不食用高糖膳食，则肌糖原在运动结束后 5 天都不能恢复到运动前的水平。

四、过度训练与消除运动性疲劳的方法

过度训练（overtraining）是一种常见的运动性疾病，即由不适宜训练造成的运动员运动性疲劳积累，进而引发运动能力下降，并出现多种临床症状的运动性综合征。

过度训练的发生机制为训练及恢复、运动及运动能力、负荷与负荷的承受力三方面平衡的破坏。主要是由于运动训练时负荷太大，超过了机体的承受能力；或是每次训练后机体没能得到充分恢复，这种负荷和恢复长期失衡积累到一定程度，就会导致过度训练，可引起器官病变，甚至有可能使运动员过早地结束运动生涯。

因此，对运动性疲劳的这种生理反应，要能够掌握并及时进行调节。消除运动性疲劳的方法主要有以下几种。

1. 心理消除　心理消除主要是意念活动。运动后，要排除思想杂念，将注意力集中在调节呼吸上，用意念使呼吸放慢、拉长，以排除所受到的内外不良的刺激，可使过度疲劳、紧张和紊乱的状态得到适当的调节。意念放松动作可先从头、颈部放松开始，依次向下放松，至上肢、肩背、胸、腰与下肢等。通过肌肉放松，可抑制体内肌肉紧张引起的兴奋刺激；调整大脑皮层兴奋和抑制的平衡，提高对肌肉控制的能力。然后用语言自我暗示："我是非常安静的，从头到脚逐步得到放松""现在精力充沛多了""全身轻松得很"等。借用良好的外界自然环境进行调节，如到空气新鲜、环境优美的地方散步或找同伴聊天等，都能收到心理消除疲劳的效果。

2. 理疗消除

（1）注重整理活动：运动后的整理活动能加速代谢产物的清除，是消除疲劳、加快体力恢复的重要手段，因此，整理活动的强度、内容及顺序都要有科学的安排。整理活动的目的是使身体更好地由紧张的运动状态逐渐过渡到相对的静止状态。如果剧烈运动后骤然停止，身体的静止姿势会妨碍强烈的呼吸动作，影响氧的补充和静脉血的回流，使心脏血液的排血量减少，血压降低，造成暂时脑缺血，从而产生恶心、呕吐、面色苍白、心慌、甚至晕倒等现象，对机能的恢复、疲劳和肌肉酸痛的消除都不利，因此，在运动后应做适当的整理活动。做整理活动时，量不宜大，动作尽量缓慢、放松，使身体逐渐恢复到安静状态，如剧烈运动之后，可进行放松慢跑、走或做放松操，同时进行深呼吸，也可随音乐进行放松跳动等。

(2) 进行按摩放松:按摩主要是消除肌肉僵硬和局部疲劳,促使静脉血液回流,减轻心脏负担,消除血乳酸,加速机体恢复。在大运动量训练后进行自我按摩或运动员之间的互相按摩对消除疲劳和恢复体力是非常有益的。通过按摩不但能促进大脑皮层兴奋与抑制的转换,使因疲劳引起的神经调节紊乱消失,而且还可以促进血液循环和淋巴循环,加强局部血液供应,改善营养,促进新陈代谢,对中枢神经系统起安抚和镇静作用,有助于大脑正常功能的恢复,可以起到消除疲劳的作用。按摩的部位可根据运动项目的特点和疲劳的情况而定,一般将按摩的重点放在运动负荷最大的部位,当运动员极度疲乏时,也可进行全身按摩,按摩可选择在运动结束时与整理活动一并使用,也可在运动结束洗澡后或晚上临睡前进行。当运动员非常疲劳时,需让运动员休息2～3 h再按摩。

(3) 沐浴:沐浴是消除疲劳的一种最简单的方法。如果水温适宜,它可以刺激血管扩张,促进血液循环和新陈代谢,加速代谢产物的排出,改善神经肌肉的营养。疲劳时还常表现为肌肉酸痛,而温水浴对副交感神经有刺激,可以起镇定作用。但沐浴时间过长,次数过频,水的温度过高,也会因消耗能量而造成疲劳。

(4) 热敷:热敷能消除肌肉的疲劳,尤其是局部肌肉。实践表明,训练前对负荷量较大的部位热敷10 min,可推迟训练中运动员疲劳出现的时间。训练后进行局部热敷对肌肉酸痛、肌肉的拉伤、关节韧带的扭伤和软组织挫伤都能起到很好的治疗作用,一般情况下热敷的温度以47～48 ℃为宜。

3. 保证休息和睡眠 睡眠是人在24 h内发生的周期性需求,它可以消除疲劳、恢复机体能力。睡眠时机体各器官系统活动下降到最低水平,物质代谢减弱,能量消耗仅维持基础代谢水平,这时的合成代谢有所加强,运动时消耗的能源物质逐渐得以恢复。另外,睡眠对大脑皮质细胞来说也是一种保护作用,因大脑皮质细胞比较脆弱,容易因长期兴奋而产生损耗,同时,睡眠还能促进人体器官机能恢复。

4. 加强膳食营养 在现代竞技运动中,运动员承受的运动负荷达到了相当高的程度,以致训练和比赛后往往体力、精神消耗极大,如不及时补充营养,恢复体力,则将影响后续训练和比赛,运动后的营养恢复是运动训练后消除疲劳不可忽视的一项内容。经研究证实,膳食中蛋白质、脂肪、碳水化合物、维生素和矿物质的配比失调,对运动员的运动能力及身体恢复有极大的影响,需要科学地利用营养因素来补充因运动而消耗的物质,修复损伤的体内结构,帮助消除机体的疲劳,促进运动成绩的提高。

5. 药物疗法 为了尽快消除运动性疲劳,适当地应用些药物是必要的,如维生素B_1、维生素B_2、维生素B_6、维生素B_{12}、维生素C、维生素E等,药物维生素对消除肌肉疲劳、恢复肌肉功能、提高人体运动能力都有积极作用。

知识拓展
3-5

运动性疲劳的出现是正常的生理现象,引起运动性疲劳的原因是过量运动,而不是疾病、药物和环境等其他因素。运动能力的下降是暂时的,经过适当的休息是可以恢复的。综上所述,能源物质的消耗和代谢物质的积累是造成疲劳的主要原因,而积极的自我心理消除疲劳,加上适当的理疗(重点是放松、按摩)和充分的休息睡眠是消除疲劳、恢复身体机能比较有效的综合性方法。运动后出现一定程度的疲劳并不可怕,重要的应该是运用各种手段促进体力的恢复,人体的机能就是在这种训练-疲劳-恢复-超量恢复的过程中得到提高的。

思考题

1. 超量恢复的原理是什么?
2. 运动处方包含哪些内容?
3. 运动时能量代谢由哪些供能系统组成?
4. 有氧代谢的运动训练方法有哪些?
5. 运动员合理营养的基本要求有哪些?

思考题答案

第四章　身体素质训练

 学习要点

1. 掌握：体能训练的意义；力量素质分类用于指导不同需求人群进行科学有效的针对性训练；速度素质和耐力素质的定义及特点。
2. 熟悉：力量训练的基本方法和技术要领，速度训练的方法及耐力训练的方法。
3. 了解：力量素质训练对身体的益处及基本原则和训练手段；耐力素质训练的原理。

第一节　体能训练概述

一、体能与体能训练

体能是以人体三大供能系统的能量代谢活动为基础，通过骨骼肌系统表现出来的运动能力。体能是运动员的基本运动能力，是运动员竞技能力的重要构成因素。

1. 体能训练　体能训练是指在运动训练时，运用各种有效的训练手段和方法，对运动员的身体施加积极影响，从而改善其身体形态，提高身体机能，增进身体健康和发展运动素质的练习过程。

体能训练主要是由身体形态、身体机能和运动素质三类训练内容组成，其中运动素质是体能训练的核心部分。

2. 运动员的体能发展受多种因素的影响　先天性的体能通过遗传效应而获得，后天性的体能则主要依靠有效的体能训练而得到提高，同时在适宜的地理环境和良好的社会环境中也可得到发展。

（1）运动员体能水平的高低通过速度、力量、耐力、灵敏度和柔韧性等运动素质表现出来。其中，运动员的形态和机能特征是运动素质的基础。

（2）运动员的体能水平除形态特征在很大程度上由遗传因素决定外，机能特征可以通过后天的运动训练得到改善。人体运动时能量的供应是通过大于能量代谢系统的供能，以及神经、肌肉运动、骨骼等系统协调工作实现的。训练和比赛所需要的速度、力量、耐力、灵敏度和柔韧性等素质，是通过改善运动员的能量代谢、神经、肌肉、骨骼等系统的功能并使之符合项目的需求来实现的。

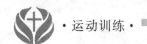

(3)任何一个运动项目对能量代谢、神经、肌肉、骨骼等系统的功能都有着特殊的要求。且人体作为严格复杂的系统,在能量代谢方面,任何一个运动项目均不可单纯依靠某个能量代谢系统的工作来完成能量的供应,更不是三种能量代谢系统和速度、力量、耐力等素质的简单组合,而是三种能量代谢系统相互影响、协同完成能量的供应。

因此,体能训练首先要解决的问题是认识运动员在比赛中的活动方式,并据此回答如何提高运动项目需要的能量代谢能力,如何改善运动员的神经、肌肉、骨骼等系统功能的问题。

二、体能训练的基本内容

如前文所述,体能训练由身体形态、身体机能和运动素质三大因素构成。这三者之间的关系既相互独立,又彼此制约、相互影响,其中任何一个因素的发展水平都会影响运动员体能发展的整体水平。身体形态是指运动员身体的外部形状,如身高、体重、胸围、四肢围度以及四肢与躯干的比例等;身体机能是指运动员身体各器官、系统的基本功能,如关节的活动范围、神经系统的灵活程度等;运动素质是指运动员身体在活动过程中所表现出来的各种基本运动能力,通常包括力量、耐力、速度、灵敏度和柔韧性等,如各种跑、跳、投的基本能力。

在运动员体能的三大构成因素中,运动素质是运动员体能能力的外在表现。实践证明,在运动员体能训练中,发展运动素质是其训练的核心内容,可通过发展运动素质改善运动员身体形态、提高运动员身体机能。

三、体能训练的意义

体能训练是运动训练的重要内容。体能训练与技术训练、战术训练、心理训练和智力训练有着密切的联系,良好的体能训练具有重要的意义。

(1)体能训练是技术、战术训练和提高运动成绩的基础。
(2)体能训练是运动员承受大负荷训练和高强度比赛的基础。
(3)体能训练是运动员在训练和比赛中保持稳定、良好的心理状态的基础。
(4)适当的体能训练有助于预防伤病,延长运动员运动寿命。
(5)特殊的体能训练有利于伤病运动员的康复。

四、体能训练的分类

根据现代运动训练的实践及各种理论研究,运动员体能训练可分为一般体能训练和专项体能训练。一般体能训练是专项体能训练的基础。

一般体能训练是指在运动训练过程中,采用多种多样的非专项的身体练习,以增强运动员身体健康、提高身体机能水平、全面发展运动素质和改善身体形态的训练活动。

专项体能训练是指在运动训练过程中,采用与提高专项成绩有直接关系的专门性的身体练习,以发展和改善运动员专项运动素质与专项运动所必需的身体形态和身体机能。

五、体能训练的基本要求

(1)合理地安排一般体能训练和专项体能训练。安排一般体能训练可全面地发展运动员的力量、耐力、速度、灵敏度和柔韧性等运动素质,提高运动员各个器官系统的机能,并使其身体各个部位得到均衡的发展。一般体能训练可为提高专项运动所需要的身体能力打下基础。安排一般体能训练,并不意味着在运动训练过程中使身体各部位、各器官系统和各运动素质绝对均衡地得到发展与提高,相反,正确的做法是根据专项运动的需要和个人的具体情况,安排时有主有次、以主带次。

合理安排一般体能训练的同时还必须合理地安排专项体能的训练,任何专项运动对身体都有着特殊的要求,一般体能训练并不能代替专项体能训练。

(2)体能训练应与技术、战术、心理和智力训练有机结合,选择体能训练手段应力求与专项技术动作、形式以及生物力学特征相似。

(3)体能训练在整个训练中所占的比重,以及一般体能训练和专项体能训练比例的确定,要因时、因项、因人而异。

(4)体能训练的主要内容是运动素质训练。各种运动素质在人生的不同发育阶段发展的程度不同,训练的可塑性也不一样,训练中应根据各运动素质训练的可能性,抓住有利时机,使该运动素质在适合的年龄阶段得到相应的发展,在敏感期得到较大的提高。

(5)在体能训练中运动员常会感到非常疲劳,有些体能训练的手段又比较单调、枯燥,因此,在训练中应加强对运动员的思想教育,提高他们对体能训练重要意义的认识,培养其吃苦耐劳的意志品质。教练员也应采用有效的训练手段和方法,培养运动员对训练的兴趣,使运动员减少对训练的枯燥感和无味感。

知识拓展 4-1

第二节 身体形态及其训练

一、身体形态概述

身体形态是人体生长发育最为重要的测评标准之一,同时也是康复医学、竞技体育、全民健身等相关领域评价评估的标准之一。通过身体形态的测评,不但可以掌握个体发育特征,还能针对身体潜在问题或已有肌肉骨骼疼痛症状做出评估。同时身体形态测评也能为运动员选材提供必要重要的参考信息。

二、身体形态测量与评估

(一)身体形态基本体位

身体形态的测评常在中立位进行,这是最为基本的正确的测评姿势。因为不正确的姿势会影响测点的定位及测评的结果。这种基本体位往往只用在基础测评上,对于一些存在疼痛或障碍的被测评者来说,自然体位姿势是身体形态测评的一个重要参照,因为这些存在疼痛或障碍的被测评者不能完成基本体位,也就是说他们在基本体位下会让疼痛更为严重或产生身体不平衡等现象。

基本体位的标准主要取决于头部、脊椎、骨盆、下肢的位置是否正确。

1. 正面观与背面观

(1)身体形态正面观基本姿势:头部直立,下颚与胸骨成一条直线,双肩水平且对称,锁骨水平且角度对称,胸廓对称,双臂到地面距离等长且对称,髂前上棘水平且对称,股骨大转子水平,膝关节髌骨水平等高,双足踝关节水平等高,双足角度对称。

(2) 身体形态背面观基本姿势:头部直立,脊柱棘突成一条直线,双肩水平且对称,肩胛冈角度对称,肩胛骨内侧缘到棘突距离对称,肩胛骨下角到棘突距离对称,髂骨水平且对称,臀横纹线水平,腘窝水平对称,足踝外上髁水平对称。

正面观与背面观标准见图4-1。

2. 侧面观 身体形态侧面观基本姿势:由头到足一条垂线,外耳门平面经枢椎齿突、第2胸椎最前方、第12胸椎椎体中心,再经第5腰椎后1/3到骶骨前面。从耳屏前通过肩缝、股骨大转子偏后及膝关节中点、踝外上髁通过(图4-2)。

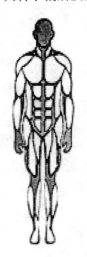

图4-1 正面观与背面观　　　　图4-2 侧面观

(二) 身体形态测评参照标准

身体形态的测评标准需要以脊椎为参照,中立位是一个理想的体位姿势,但在现实生活中被测评者往往不能保持中立位。因日常生活中不同人群的工作及生活特点,往往姿势的改变影响了身体形态,久而久之身体会产生多方面的不平衡,造成软组织、骨关节、神经等系统问题。

AB线是脊柱中线(图4-3),这条线在脊柱正面观、侧面观时均是重要的身体形态测评参照。可通过对日常生活中姿势特点的观察,判定姿势处于脊柱中线之前还是之后,偏左还是偏右。所以,掌握脊柱中线是一切身体形态评估的标准。

(三) 身体形态一般检查

一般身体形态检查分为三个阶段:直立姿势检查、直立行走检查、活动面运动检查。

1. 直立姿势检查 被测评者呈站立姿势,测评者依次对其身体正面观、背面观及两个侧面观进行观察。以脊柱中线为参照,记录偏离脊柱中线部位,待进行问题部位及关联部位分析。

2. 直立行走检查 测评者通过普通步态行走观察被测评者姿势。在直立行走时观察被测评者是否出现躯干及四肢异常,如含胸驼背、髋外旋或内旋、肩胛骨过度回旋等现象。记录异常步态下的身体形态姿势,待进行运动控制分析。

第四章 身体素质训练

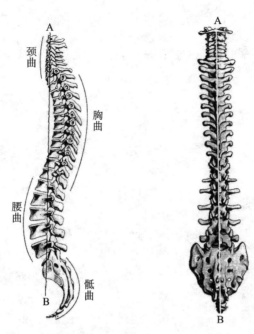

图 4-3　脊柱中线（AB 线）

3. 活动面运动检查　活动面运动检查主要是检查被测评者肌肉功能、关节活动度在各个面是否异常。检查体位包括站立位、坐位、仰卧位、俯卧位、侧卧位。根据各个关节在运动面产生的动作分别进行检查。活动面运动检查应从单一运动平面开始，待完成单一运动平面检查后进行两个运动平面的检查，最后进行三个运动平面的检查。记录异常动作下的身体形态姿势，待进行运动控制分析。

如站立位，肩关节活动面运动检查。

（1）站立位肩关节矢状面屈曲。

（2）站立位肩关节冠状面外展＋水平面外旋。

（3）站立位肩关节矢状面屈曲＋冠状面外展＋水平面外旋。

（四）脊柱弯曲度形态检查

脊柱形态是一个人身体形态的重要标志之一，其形态变化程度终将导致姿势的改变。正常的脊柱在侧面观是呈现出四个正常的生理弯曲，我们把这四个弯曲分别称为：颈曲、胸曲、腰曲、骶曲（图 4-4）。

正常人的颈部是前弯的，胸背是后弯的，臀部是后翘的，这种动力结构的体相正常与否，可反映出脊柱内在结构正常与否。正常的脊柱没有侧弯，但矢状面上有明显的弯曲。然而，上胸部常有一轻微的侧弯，习惯用右手的人凸向右，习惯用左手的人凸向左。此侧凸在 5°以内。矢状面上的弯曲出现在颈、胸、腰、骶部。

正常脊柱矢状面上有 20°~40°的胸椎后凸和 30°~50°的腰椎前凸，上胸椎与颈椎存在交界区，颈椎前凸的顶端是第 4 颈椎，胸椎后凸的顶端是第 8 胸椎。腰椎前凸在 30°~50°之间，第 3 腰椎是其顶端。胸腰段（T11~L1）为垂直，无后凸或前凸（通过影像学检查可精确测量）。

正常的脊柱颈曲和腰曲的生理弯曲度一般为 3~5 cm，两者均不应超过 5 cm。驼背属于一种不正常的脊柱曲度,脊椎胸椎段过于后凸,头部前倾,颈曲深度超过5 cm以上。直背也是属于一种不正常的脊柱曲度,其胸椎与腰椎生理曲度过小,颈曲与腰曲小于2～3 cm。还有一种背呈鞍形,其特点是腰曲大于5 cm。

（五）胸廓形态检查

正常的胸廓呈圆锥形,胸廓下端稍宽,左右对称,其胸廓横径大于前后径,比例为4∶3。而因遗传或生长发育中姿势等影响,胸廓异常形态可分为：扁平胸、圆柱胸、鸡胸、漏斗胸、不对称胸、凹陷胸等。通过站立位正面观和侧面观,以脊柱中线（AB线）为参照,观察胸部形态,记录异常胸廓。

胸廓的异常形态会影响呼吸功能或循环功能,这样的人不适合参加高强度的对心肺功能要求高的运动项目。需通过呼吸功能训练来提高呼吸肌群的功能,从而促进其功能发展。

（六）下肢带形态检查

下肢带形态与身体整体形态的影响是相互的。腿部形态如O形腿、X形腿、K形腿、D形腿,除先天性骨骼发育外,其股骨与胫骨力学结构改变,肌肉力学失衡等均会造成下肢带形态改变。同时,当下肢带形态异常时,躯干与上肢带形态也会同时发生不同代偿性的改变。

下肢带形态检查除站立位观察外,应通过仰卧位观察其髋、膝、踝各部位状态。两种体位检查属于静态姿势检查,但并不能说明在运动中腿部形态与其相同。所以,运动动态测试是十分重要的。如行走步态检查、仰卧位腿屈伸检查。

（七）身体形态基本测量

身体形态测量是指人体外形的测量,其目的是评估身体结构和身体发育,是一种常用的方法。一般包括身高、体重、四肢长度、身体各部位围度的测量。

1. 身高 赤足,测量时足跟靠拢,呈45°角,脚后跟靠拢身高尺或墙面；臀部、肩部及后脑靠拢身高尺或墙面并立正站直,鼻尖与耳垂呈一条直线,并与身高尺或墙面呈90°角。测评者一定要双眼平视,在头顶放置较厚的、带有直角的物品垂直往下,靠拢头顶,在最低点画上一个记号即可。

2. 体重 体重是身体发育状况的基本指标,它是描述人体横向发育以反映人体骨骼、肌肉、皮下脂肪和内脏器官综合发育情况的整体指标。体重主要受饮食和运动时排

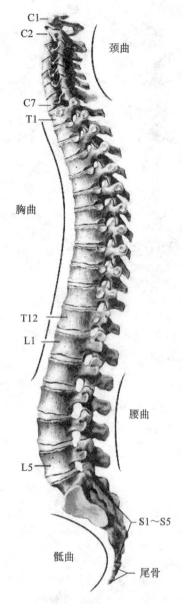

图4-4 脊柱生理弯曲

汗的影响,一天内人的体重会有所变动,一般在上午10点左右测量比较适宜。测量时,被测评者需穿背心和短裤,平稳地站在体重秤上。

3. 四肢长度 四肢长度分为上肢长、上臂长、前臂长、手长、下肢真性长、下肢外观长、大腿长、小腿长、足长。

(1) 上肢长:取坐位或立位,上肢体侧自然下垂,肘关节伸展,前臂旋后,腕关节中立位。肩峰外侧端到桡骨茎突的距离。

(2) 上臂长:取坐位或立位,上肢体侧自然下垂,肘关节伸展,前臂旋后,腕关节中立位。肩峰外侧端到肱骨外上髁的距离。

(3) 前臂长:取坐位或立位,上肢体侧自然下垂,肘关节伸展,前臂旋后,腕关节中立位。肱骨外上髁到桡骨茎突的距离。

(4) 手长:手指伸展,桡骨茎突到尺骨茎突的连线起始到中指末端的距离。

(5) 下肢真性长:取仰卧位,骨盆水平,下肢伸展,髋关节中立位。髂前上棘到内踝的最短距离,或大转子到外踝的距离。

(6) 下肢外观长:取仰卧位,双下肢对称伸展。脐到内踝的距离。

(7) 大腿长:取仰卧位,双下肢对称伸展。股骨大转子到膝关节外侧关节间隙的距离。

(8) 小腿长:取仰卧位,双下肢对称伸展。膝关节外侧关节间隙到外踝的距离。

(9) 足长:踝关节中立位。足跟末端到第二趾末端的距离。

4. 身体围度 围度测量的目的是了解人体外部形态结构、生长发育、营养情况及机体发育水平。使用器材为标准胶尺。

(1) 胸围:通过测量胸围可以评价胸廓的形态特征,呼吸器官、胸部肌肉和脂肪的发育情况。

测量方法:被测评者取站立位,两臂外展60°,测评者站在被测试者后面,将胶尺上缘经背部肩胛下角下缘绕至胸前,对于男性和乳房未发育的女性,胶尺下源可近乳头点测量;对于乳房已发育的女性胶尺下缘应经乳房上方的胸中线(第四胸肋关节)测量。测量出安静时的胸围。注意:不要耸肩,不要弯腰。

(2) 上臂围(左右臂):反映上臂肌肉的发达程度。

测量方法:女性被测评者直立,手臂伸直,下垂于体侧,测评者在被测评者身体两侧使用胶尺沿上臂最粗的部位绕一周,量出放松时的上臂围。男性手臂平举,手掌向上用力握拳,屈肘,使肱二头肌尽量收缩,用胶尺在肱二头肌最突出处绕一周,量出收缩时的上臂围。

(3) 腰围:腰围主要反映腹肌和腹部脂肪的情况。

测量方法:被测评者直立,测评者在被测评者后侧,将胶尺水平放在髂嵴上方3至4横指的位置(相当于腰部最细处),注意胶尺水平,被测评者进行平稳呼吸,不得俯身或挺腰。

(4) 臀围:反映臀部肌肉及脂肪的发育情况。

测量方法:被测评者直立,两腿并拢,测评者在被测评者身体两侧使用胶尺在臀大肌最突出部位量出臀围。

(5) 大腿围(左、右腿):反映大腿肌肉及脂肪的发育情况。

测量方法:被测评者直立,两脚自然分开,间距约 15 m,测评者在被测评者身体两侧使用胶尺上缘沿臀大肌横纹处环绕水平测量。

(6) 小腿围(左右脚):反映小腿肌肉及脂肪的发育情况。

测量方法:被测评者直立,两脚自然分开,间距 15 cm,使体重均匀分布在两腿上,测评者在被测评者身体两侧用胶尺沿小腿腓肠肌最粗处环绕并测量围度。

三、身体形态评估训练

(一)姿态训练

1. 站姿(图 4-5)

(1) 头部保持中立位。

(2) 两肩平行于地面,稍向后展开,双臂自然下垂。

(3) 上体正直,挺胸收腹。

(4) 提臀。

(5) 双腿并拢直立。

(6) 脚跟相靠,两脚尖分别指向 11 点和 1 点方向。

(7) 身体重心落在两脚正中。

(8) 微收下颌,两眼平视前方。

(9) 使头、颈、躯干和脚的纵轴在一条垂直线上。

(a) 正面观　　　　　(b) 侧面观

图 4-5　站姿　　　　　　　　　　　　图 4-6　坐姿

2. 坐姿(图 4-6)

(1) 取坐位,臀部尽可能地坐满椅子。

(2) 双脚与髋部同宽,两膝自然弯曲,大腿保持在水平部位,两脚掌均匀着地。

(3) 上体正直,伸长脊柱。

(4) 两肩自然下垂,高度相同,双手置于大腿上。

(5) 颈部梗直,两眼平视前方。

(6) 挺胸、收腹。

3. 卧姿(图 4-7)

(1) 双腿平放在床上呈坐位姿势。

(2) 用手肘支撑上半身下降到与床面成 30°角。

(3) 慢慢地放下背部,躺到床上,与此同时伸长脊柱。

(4) 检查枕头的位置,填满颈椎空隙。

(5) 轻轻地伸长颈部。

(6) 在膝关节下方垫一软枕,腰椎下方垫一条毛巾。

(7) 手臂放在身体两侧舒服的位置。

(8) 检查腰部和床之间有没有间隙。

(9) 全身放松。

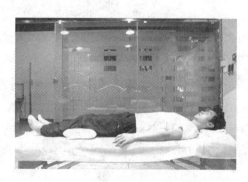

图 4-7　卧姿

(二) 伸展训练

伸展训练是身体形态训练中一项重要的运动,由于日常生活中的各种姿势会让身体一些肌肉处于向心或离心紧张状态,伸展训练是一种放松紧张肌肉的方式。训练者应该注意对于向心紧张被缩短的肌肉来讲,伸展训练是特别重要的。

1. 胸部肌群　动作姿势:站于墙边,肩外展抬高手臂,肘关节屈曲 90°,把前臂贴于墙面,同侧脚往前弓步,身体向前倾,感觉胸肌拉开即可(图 4-8)。

【注意】　动作缓慢进行,保持 30~60 s。

【变化】　胸部肌肉伸展时可沿肌纤维走向进行肩外展角度调整。

2. 上斜方肌　动作姿势:将右手坐于臀部下方或自然下垂,左手绕过头顶搭在右耳上,将头部拉向左侧,将右肩下沉,伸展的感觉会更明显。也需保持 30~60 s,然后换另一侧(图 4-9)。

【注意】　将头部侧屈后进行肩部下沉动作,重点在肩部下沉。斜方肌伸展发力点在肩部。

【变化】　上斜方肌伸展也可以选择仰卧位进行。

3. 后斜角肌　动作姿势:同样将右手坐于臀部下方,头部向左侧旋转,然后低下头(下巴贴向左肩),将左手放在后脑勺,将头部往下按,同时右肩下沉。保持 30~60 s 后,换另一侧(图 4-10)。

【注意】　将头部往下按时用力不能太大,否则容易拉伤肌肉。前斜角肌、中斜角肌同样需要进行伸展。斜角肌伸展发力点在头部。

视频 4-1

【变化】 前斜角肌伸展时头部向右侧旋转并后仰；中斜角肌同上斜方肌伸展姿势。

图 4-8　站姿胸部伸展　　　　图 4-9　上斜方肌伸展　　　　图 4-10　后斜角肌伸展

4. 背阔肌　动作姿势：双腿外展，大于肩宽，双手上举交叉抱肘，身体侧屈、前倾、旋转，最大化地拉伸背阔肌（图 4-11）。

【注意】 上身转动过程中，髋关节保持不动。

视频 4-2

【变化】 背阔肌伸展时也可选择上肢抓住固定物体，身体侧屈，使下肢引导躯干向下拉伸并旋转。

5. 髂腰肌　动作姿势：两腿呈弓步，一前一后，后腿膝盖跪在垫子上且脚背紧贴垫子，上体保持直立，髋关节向前、向下用力（图 4-12）。

【注意】 前腿膝关节保持 90° 夹角，髋关节正对前方。

【变化】 髂腰肌伸展也可选择在仰卧位。

图 4-11　背阔肌伸展　　　　　　　　图 4-12　弓步髂腰肌伸展

6. 股直肌　动作姿势：单脚站立支撑，另一只脚位于屈膝伸髋位，双手握住踝关节向臀部方向牵拉，上体保持直立，髋关节辅助向前用力（图 4-13）。

【注意】 上体正直避免前倾，髋关节正对前方。

【变化】 股直肌伸展也可选择在俯卧位。

7. 大腿内收肌 动作姿势：两腿呈侧弓步，身体直立正对前方，屈髋向后用力，双手扶在屈膝腿髌骨上方（图4-14）。

【注意】 屈膝，腿和膝关节保持90°夹角，髋关节正对前方，向后并向屈膝腿侧方用力牵拉。

【变化】 大腿内收肌伸展也可选在俯卧位。

8. 臀部肌肉 动作姿势：仰卧，左脚踝关节放于右腿膝关节上方，双手抱住右腿后方将腿往腹部方向拉回；反方向相同（图4-15）。

【注意】 双脚放松，左腿外旋。

【变化】 臀部肌肉牵伸也可选择在站立位做相同的动作。

视频 4-3

图4-13 站姿股直肌伸展

图4-14 大腿内收肌伸展

图4-15 臀部肌肉伸展

9. 腘绳肌 动作姿势：取站立位，一条腿屈髋屈膝，另一条腿屈髋伸膝足背屈，身体前倾，双手支撑腿部（图4-16）。

【注意】 身体前倾，膝伸足背屈。

【变化】 股后肌群的伸展可以选择坐位进行，在伸展训练中可增加股骨内旋或外旋动作伸展股后肌群不同肌肉。也可在他人帮助下被动伸展腘绳肌。

10. 腓肠肌 动作姿势：两脚前后站立，脚尖正对前方，上体直立，屈髋向后，前腿屈膝，后腿伸直并做足背屈，双手置于前腿髌骨上方，髋关节向后、向下用力（图4-17）。

【注意】 后脚与前脚保持平行，髋关节正对前方。

【变化】 腓肠肌伸展也可选择在站立位。

视频 4-4

11. 腕屈肌 动作姿势：取端坐位，上肢自然下垂，肘关节保持伸直，手指手掌最大程度伸展，轻度伸展时，训练者四指指向前方；中度伸展时，训练者四指指向外侧；最长伸展时，训练者手指指向后方。

【注意】 每次伸展时，训练者都要出现疼痛，但是都要在忍耐范围之内。

视频 4-5

（三）肌群力量训练

肌肉强化训练是维持身体形态重要的训练部分。同样受日常生活姿势的影响，一些肌肉处于紧张状态，而另一些肌肉则处于相对弱的状态。在一般正常的身体形态中，我们应该适当强化一些肌肉的训练，但在非正常的身体形态中，需要进行循证评估后再

图 4-16 站立位腘绳肌伸展

图 4-17 站立位腓肠肌伸展

进行强化肌肉训练。

1. 深层颈屈肌(头长肌、颈长肌) 动作姿势:仰卧在垫上,头下垫一条毛巾,收起下颚(收下巴),枕骨稍微离开毛巾,保持30~45 s或多次反复进行(图4-18)。

【注意】 要用力收下巴(想象挤双下巴的样子),而不是抬头。深层颈屈肌(头长肌、颈长肌)并非所有人群都适合练习,主要参照颈椎排列。

【变化】 深层颈屈肌(头长肌、颈长肌)强化也可以选择坐位或站立位进行。

2. 颈后肌群 动作姿势:仰卧在垫上,头下放一个普拉提小球,仰头用后脑勺向下压球对抗,保持30~45 s或多次反复进行(图4-19)。

图 4-18 仰卧位颈长肌、头长肌训练

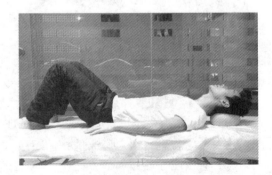

图 4-19 仰卧颈后肌群强化

【注意】 往后仰时头没有前引而是自然往后仰头。

【变化】 颈后肌群的强化也可以选择坐位或站立位进行。

3. 肩袖肌群(冈上肌、小圆肌、冈下肌、肩胛下肌) 动作姿势:强化肩胛下肌、小圆肌和冈下肌时取坐位,双腿外展,与肩同宽,上体直立,肘关节弯曲成90°角,必要时夹一条毛巾,肩关节外旋或内旋时身体不要晃动,动作幅度以毛巾不掉落为原则。强化冈上肌时取侧卧位,微屈膝以保持稳定,左手肩关节外展屈肘支撑头部,右手持哑铃直臂抬起 20°保持 6～10 s,顺势外展后再还原(完成外展肌群联合运动)(图 4-20)。

(a) 强化肩胛下肌

(b) 强化小圆肌和冈下肌

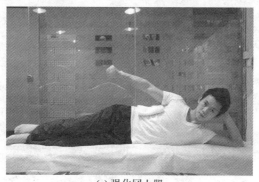
(c) 强化冈上肌

图 4-20　肩袖肌群训练

【注意】　肩袖肌群主要作用是稳定肩关节,因此在做内旋和外旋动作时,要确保训练者的前臂平行于地面,肘关节贴着身体,腕关节伸直。

4. 中下斜方肌、菱形肌　动作姿势:俯卧位,头部与床面接触,双臂外展抬起,屈肘 90°,握拳,大拇指朝上。呼气用力夹紧肩胛骨,同时手臂向上抬,吸气缓慢下放,重复进行(图 4-21)。

【注意】　动作过程中收紧腹肌,手臂上抬时不要耸肩,头部不要离开床面。在日常生活中绝大多数人群都应该进行此强化训练。

【变化】　中下斜方肌、菱形肌强化也可选择坐位或站立位练习。

5. 腹横肌　动作姿势:双手屈肘与双脚脚尖呈四点支撑身体的姿势,肩膀位于肘关节正上方,从腿、躯干到颈部尽量成一直线(图 4-22)。

【注意】　强化过程中一定要收紧腹肌,不要塌腰,以防腰椎部用力。

【变化】　腹横肌的强化可选择体位较多,如俯卧位、仰卧位、站立位等。

6. 腹直肌　动作姿势:仰卧屈膝,双膝保持 90°角,双膝之间保持约一拳的距离,双手手指交叉置于头后侧,呼气将头部和肩部卷离床面,直至肩胛骨卷离床面(图 4-23)。

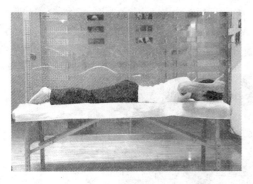

图 4-21　中下斜方肌与菱形肌强化　　　　　　图 4-22　腹横肌基本训练

【注意】　做动作时腹部不能向外凸出,骨盆不能后倾借力,肘关节保持打开,避免用手去拉头部。

【变化】　可以在双膝之间夹一个普拉提圈或普拉提小球,也可以仰卧在健身球上做同样的动作。

7. 多裂肌　动作姿势:俯卧于梯桶上,双脚支撑,身体自然弯曲俯卧,双手自然下垂,呼气从腰部开始逐节伸展脊椎至头部、肩膀、臀部成一条直线(图 4-24)。

【注意】　脊椎一定要按照排列顺序从腰部开始依次逐节抬起。

【变化】　如果没有梯桶可以在健身器械罗马椅上进行多裂肌训练。

图 4-23　仰卧卷腹　　　　　　　　　　　　　图 4-24　多裂肌训练

8. 竖脊肌　动作姿势:俯卧在垫上,双臂紧贴大腿两侧,双腿夹紧,额头点着地板,先收紧腹肌,然后上背部逐渐抬起,胸口离开垫子即可,感觉竖脊肌用力(图 4-25)。

【注意】　过程中一定要收紧腹肌,不要把上背部抬得过高,以防腰椎部用力。

【变化】　在竖脊肌强化中变化动作可以为:①单臂抬起;②双臂抬起;③对侧肢体抬起;④同侧肢体抬起;⑤四肢同时抬起;⑥单腿抬起;⑦双腿抬起。

9. 髋后伸、背肌　动作姿势:取仰卧位,双腿外展与臀部同宽,屈膝 90°,双手置于身体体侧,呼气逐节卷动脊椎至身体、膝盖、肩膀成一条直线(图 4-26)。

【注意】脊椎按照排列顺序依次抬起。此动作一直以来被认为是竖脊肌的训练,但做此动作首先收缩的肌肉并非是竖脊肌,而是臀部和腘绳肌部分,随控制时间增加,竖脊肌感觉增加,属于一组臀部肌肉、腘绳肌、竖脊肌综合训练。

【变化】　此部位训练方法多样,可以在俯卧位、侧卧位、站立位等体位下进行强化训练。

图 4-25 俯卧位竖脊肌强化

图 4-26 背桥髋后伸、背肌群强化

10. 臀大肌 动作姿势：俯卧在床上或垫上，双臂上举，前臂重叠，额头放于手臂上，先收紧腹肌，然后右腿支腿抬起，股骨离开床或垫子即可，感觉臀大肌用力（图 4-27）。

【注意】 过程中一定要收紧腹肌，不要把腿抬得过高，以防腰椎部用力。

【变化】 在臀大肌训练中变化动作可以为：①双腿屈膝抬起；②双腿直腿抬起。

11. 臀中肌 动作姿势：侧卧位，双腿并拢屈膝90°，将弹力圈套于双腿胫骨上端，左手枕于头下方，右手支撑于体侧，右腿外旋做抗阻训练（图 4-28）。

【注意】 腹部始终保持收紧，身体侧卧保持与地面垂直，右腿外旋用力时身体保持不动，不要摇晃，否则臀中肌不能得到有效强化。

【变化】 臀中肌强化还可以采取侧卧直腿上抬、直腿画圈等。

12. 股四头肌 动作姿势：在站立位进行，双脚与肩同宽。双脚外旋大约10°（像站在时钟上，左脚指向 11 点，右脚指向 1 点），将弹力带下端踩住，上端绕于肩上，双手交叉扶肩，背部保持直立，避免膝关节超过脚尖，大腿最低的位置不要低于膝盖水平面（图 4-29）。

【注意】 大腿不能低于膝盖水平面，膝关节不能超过脚尖，在向下的过程中髌骨向着 2、3 脚趾的方向。

【变化】 股四头肌强化还可以采用杠铃颈后深蹲、杠铃前深蹲、肩托深蹲、腿举、腿屈伸。

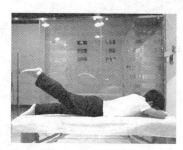
图 4-27 臀大肌强化

图 4-28 臀中肌强化

图 4-29 股四头肌强化

（四）平衡训练

1. 平衡软榻平衡训练 首先在地面上进行训练，然后渐进至平衡软榻上训练，可使用椅子或是其他支撑工具来辅助维持平衡。

(1) 单脚平衡:动作姿势为站立位,一侧腿支撑,另外一侧抬起,身体直立(图4-30)。

图 4-30 单脚支撑软榻平衡训练

【注意】 在平衡训练中支撑腿的膝关节可以完全伸直,也可以在不同屈髋屈膝角度下进行训练。根据训练者肌耐力水平进行时间控制,一般训练维持在 30～60 s。

【变化】 在单脚平衡支撑训练中,除了支撑腿可以调整髋、膝的角度外,另一条腿可以进行髋、膝、踝在矢状面、冠状面、水平面的运动控制或姿势控制组合。

(2) 双脚平衡:动作姿势为站立位,双腿并拢直立,脚跟相靠,两脚尖分别指向 11 点和 1 点方向,身体重心落在两脚正中,微收下颌,两眼平视前方(图 4-31)。

图 4-31 双脚支撑软榻系列平衡训练

【注意】 在平衡训练中两腿的膝关节可以完全伸直,也可以在不同屈髋屈膝角度下进行训练。根据训练者肌耐力水平进行时间控制,一般训练维持在 30～60 s。

【变化】 在双脚平衡支撑训练中,除了腿可以调整髋、膝的角度外,躯干和上肢也可以进行在矢状面、冠状面、水平面的运动控制或姿势控制组合。

2. 波速球平衡训练 在平衡软榻的基础上,渐进在波速球上进行训练,可使用椅子或是其他支撑工具来辅助维持平衡。

(1) 单脚平衡:动作姿势为站立位,一侧腿支撑,另外一侧抬起,身体直立(图4-32)。

【注意】 在平衡训练中支撑腿的膝关节可以完全伸直,也可以在不同屈髋屈膝角度下进行训练。根据训练者肌耐力水平进行时间控制,一般训练维持在 30～60 s。

【变化】 在单脚平衡支撑训练中,除了支撑腿可以调整髋、膝的角度外,另一条腿可以进行髋、膝、踝在矢状面、冠状面、水平面的运动控制或姿势控制组合。

图 4-32 单脚支撑波速球平衡训练

(2) 双脚平衡:动作姿势为站立位,双腿外展与肩同宽,身体重心放在两脚正中,双手自然下垂,微收下颌,两眼平视前方(图 4-33)。

图 4-33 双脚支撑波速球平衡训练

【注意】 在平衡训练中两腿的膝关节可以完全伸直,也可以在不同屈髋屈膝角度下进行训练,根据训练者肌耐力水平控制时间,一般训练维持在 30~60 s。

【变化】 在双脚平衡支撑训练中,除了腿可以调整髋、膝的角度外,躯干和上肢也可以进行在矢状面、冠状面、水平面的运动控制或姿势控制组合。

3. 训练球平衡训练　先在地面上进行训练,然后渐进在训练球上训练。球上体位可以选择俯卧位、仰卧位、坐位、跪位、站立位。

(1) 无球俯身平衡训练:动作姿势为双手和双脚着地,脊椎中立位,同时抬起右臂和左腿(或是左臂和右腿)(图 4-34)。

【注意】 手臂与腿同时抬起,控制躯干稳定。若躯干不稳,可先抬起手臂或腿,依次抬起,完成动作。

【变化】 在无球俯身平衡训练中变化动作可以为:①单臂抬起;②单腿抬起;③对侧肢体抬起;④同侧肢体抬起。

图 4-34 无球俯身平衡

(2) 训练球俯身平衡训练：动作姿势为趴在球上，双手双脚着地。同时抬起左臂和右腿（或是右臂和左腿）。然后换到另一侧肢体重复进行（图 4-35）。

【注意】 手臂与腿同时抬起，控制躯干稳定。若躯干不稳，可先抬起手臂或腿，依次抬起，完成动作。

【变化】 在训练球俯身平衡训练中变化动作可以为：①单臂抬起；②单腿抬起；③对侧肢体抬起；④同侧肢体抬起。

图 4-35 训练球俯身平衡

4. 弹性阻力平衡训练 先在地面上进行训练，然后渐进至不平衡训练工具上进行。两脚交替训练，使用椅子或是其他支撑物来辅助维持平衡（图 4-36）。

动作姿势：取站立位，一侧腿支撑，另一侧腿固定弹力带向各个方向摆动。

【注意】 在运动中应保持躯干稳定控制，可缓慢进行摆动，达到最大活动度或阻力后保持姿势控制。

知识拓展 4-2

图 4-36 站立位弹性阻力平衡训练

【变化】 在弹性阻力平衡训练中，支撑腿可进行髋、膝的角度变化。如屈髋屈膝姿势支撑下的摆动。

第三节 力量素质及其训练

一、力量素质定义

人体神经肌肉系统在工作时克服或对抗阻力的能力，称为力量素质。力量素质训练主要包括以下两种形式。

1. 外部阻力训练 外部阻力训练是指通过物体的重量、拉力、摩擦力等进行的阻力训练。外部阻力是力量素质训练最常用的一种阻力形式。优势在于根据个体水平选择适合的重量阻力，训练组合方法多样。如外部阻力逐渐递增、外部阻力逐渐递减、外部阻力交叉交换等。

2. 内部阻力训练 内部阻力训练是指通过肌肉的黏滞性，各肌肉间的对抗力，骨骼、肌肉、关节囊、韧带、筋膜等进行的阻力训练，是较为高级的训练形式。优势在于通过有效借助增加代偿或减少目标之外的代偿进行训练。

二、力量素质的分类

1. 可分为绝对力量与相对力量 这是按照力量素质与个体体重的关系来进行的分类。绝对力量更适合竞技运动人群进行力量素质训练，对于亚健康人群或功能障碍人群往往不选择绝对力量的训练，绝对力量训练更多是针对专项运动而采取的训练形式。

2. 可分为一般力量和专项力量 一般力量与专项力量的不同点有支撑点（近远固定、上下固定、无固定）、供能特征、用力顺序、动作形式。一般力量训练的重要目的是围绕日常生活行为能力及塑造形体的训练，训练随意，不针对某一项专项运动；专项力量训练重点是围绕运动专项特点进行的针对性训练，与技术动作紧密相关，可促进技术动作的提高。

三、力量素质训练的好处

1. 打造强壮的骨骼肌肉 力量素质训练能够给骨骼增加压力，从而增加骨密度，降低发展为骨质疏松症的危险。力量素质训练能促进肌肉力量、耐力，提高生活工作质量。力量素质训练对于功能障碍人群可以提高康复效率，缩短康复时间；对于亚健康人群可以预防软组织疼痛，提高日常生活行为能力；对于竞技运动员可以提高运动专项技术能力。

2. 控制身体脂肪 成年后随着年龄的增长，肌肉含量流失，肌力水平、肌耐力水平下降，身体内的脂肪组织会逐渐增加，燃烧脂肪的效率会下降，其结果是导致体重增加、肥胖及相关疾病。力量素质训练可改善肌肉能力水平，促进脂肪组织消耗，控制体重，保持健康、标准的身体形态。

3. 减少受伤的危险　通过力量素质训练使肌肉有能力保护关节不受伤,并且能够维持身体的灵活性与平衡能力,这样即使随着年龄不断增长,也可以保持自理能力。对于中老年人群来讲,力量素质训练可帮助减少跌倒的可能,减少骨折的发生。

4. 使精力充沛　力量素质训练会让身体机能代谢增加,促进新陈代谢,使日常生活工作精力充沛,注意力集中,疲惫感减少。

5. 增强自信,保持好心态　力量素质训练能够增强自信心,改善自身形象,并能够减少患抑郁症的危险。有效的力量训练可以促进保持良好心态,传递正能量。

6. 改善睡眠质量　研究表明,凡是经常参加力量素质训练的人,睡眠质量大大提高,从而降低了失眠的概率。

四、力量素质训练的基本方法

1. 动力性等张收缩训练法　动力性等张收缩训练法是指通过身体相应关节产生运动,肌肉长度改变而产生收缩力来克服阻力的训练方法。分为动力性向心克制性工作和动力性离心退让性工作两种,肌肉张力与阻力大小、训练时间、训练频率有关。等张训练的主要特点是在肌肉收缩中有关节运动产生,对于关节功能障碍者来说是康复运动训练中最为基础的训练。在一定的关节活动度下进行肌肉力量、肌肉耐力的训练,可以达到关节活动与肌肉动能协同训练的目的。

2. 静力性等长收缩训练法　静力性等长收缩训练法是指在身体相应关节固定,肌肉长度不变的条件下,以改变张力来克服阻力的训练方法。等长训练的主要特点是控制关节稳定下的肌肉功能,是关节稳定性训练、核心功能训练较为理想的训练方式。如双杠上的直角支撑、武术站桩等。静力性等长收缩训练法在体操上使用较多,凡有支撑、悬垂、固定环节、维持平衡等静止动作的运动项目,都要进行静力性等长收缩训练。

(1) 优点:肌肉做静力性等长收缩训练可以动员更多的肌纤维参与工作,表现出力量大、力量增加快的特点,节省训练的时间。

(2) 缺点:静力性等长收缩训练时由于肌肉紧张,憋气,血管封闭,肌肉血液循环发生不同程度的暂时中断,所以训练时间不能过长,高血压患者禁忌。

(3) 注意点:运动技术一般都是动静结合,所以动力性等长收缩训练也不能忽视,动静结合才能适应运动训练的实际需要。

3. 等动收缩训练法　等动收缩训练法由美国的李斯特尔等人研制,等动收缩训练在特制的等动练习器上进行,训练时动作速度不变,器械产生的阻力与肌肉用力大小相适应,保证训练过程中肌肉始终受到最大的负荷刺激。

这种训练方法特别适用于关节功能障碍及竞技运动人群等,有利于发展其最大力量,促进肌肉功能,减少在运动训练中不必要的损伤,是一种比较好的训练手段。

4. 超等长收缩训练法　超等长收缩训练法是指先使肌肉做离心收缩,然后做向心收缩,利用肌肉弹性和牵拉反射,加大肌肉收缩力量的训练方法。如跳深、多级跳、击掌俯卧撑、快速接传实心球、投掷前的预拉长等,对发展快速力量、反应力量效果好。

(1) 优点:肌肉做离心收缩训练时被迅速地拉长(增加肌纤维收缩时的初长度),同时动员更多的运动单位参与收缩,发力方式比较适应比赛的需求。

(2) 缺点:在牵拉之后如果没有立即进行向心收缩(拉的时间过长、运动幅度过大),因牵拉而产生的增效作用会消失。

5. 循环训练法 循环训练法可用来发展竞技运动人群的力量耐力,可将几个训练手段编组循环进行,在编组时要注意上下肢、大小肌群、前后肌群的搭配,让身体得到全面的训练。循环训练法较适合初级健身人群及康复后期人群使用。值得注意的是,不同人群的循环训练主要区别在于训练动作的选择、频率、间歇及训练目标(图 4-37)。

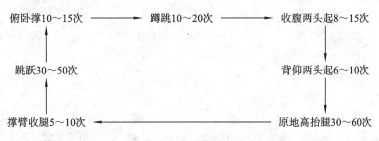

图 4-37 全身不同肌群力量耐力循环练习

五、力量素质训练的主要手段

虽然各种不同力量素质均有其各自的训练方式,但力量素质训练同样有着共同的训练形式。

1. 负重抗阻力训练 这种训练可作用于机体任何一个部位的肌群,主要依靠负荷重量和训练的重复次数刺激机体发展力量素质。负重越大对肌肉刺激越大,训练的方式多种多样,是力量素质训练中常用的一种手段。

2. 对抗性训练 这种训练的双方力量相当,依靠和对方不同肌群的互相对抗,肌肉的静力性等长收缩来发展力量素质,如双人顶、双人推、双人拉等。对抗性训练几乎不需要任何器械及设备,也容易引起训练者的兴趣。

3. 克服弹性物体阻力的训练 这种训练是依靠弹性物体变形而产生阻力来发展力量素质,如使用弹簧拉力器、橡皮带等。在一些体位训练中,克服弹性物体阻力训练方式比负重抗阻训练方式更能使肌肉得到最大效率的收缩,随位移增加阻力增加,在运动轨迹中获得更有效的训练效果。

4. 利用外部环境阻力的训练 如在沙地、深雪地、草地、水中进行跑、跳等动作,做这种训练要求轻快用力,所用的力量往往在动作结束时较大。

5. 克服自身体重的训练 主要是由人体四肢的远端支撑完成的训练,迫使机体的局部部位来承受体重,促使该部位的力量得到发展。如引体向上、倒立推进、纵跳等。

6. 利用特制的力量练习器的训练 这种特制的练习器,可以使训练者的身体处在各种不同的体位(坐位、卧位、站立位)进行训练。它不但能直接发展所需要的肌群力量,还可减轻心理负担,避免伤害事故发生。

六、力量素质训练的原则与基本要求

1. 力量素质训练的原则

(1) 大负荷原则:有效提高最大肌力。

(2) 渐增负荷原则:循序渐进,逐步进阶。

(3) 专门性原则：与相应的运动项目相适应。
(4) 负荷顺序原则：先大肌肉，后小肌肉等。
(5) 全面训练原则：一个动作的完成一般需要全身的协同发力。

2. 力量素质训练的基本要求

(1) 方法手段选择的目的性：力量素质训练目的明确，不同性质的力量在方法手段的选择上存在着差异。要选择恰当的训练手段，不同力量发展的基础或途径也不同。

(2) 连续性、阶段性：力量素质训练的阶段包括发展阶段、保持阶段、恢复阶段。

(3) 整体性：全面、重视大小肌群训练，主动、被动肌肉群训练，深部肌肉的训练。进行多关节力量练习，多关节、单关节练习，以及多手段的练习，一部位可用两种或两种以上的手段进行训练。

(4) 控制性：评价标准，建立档案，搜集与处理信息。教练员和训练者必须认真记录每次训练课的次数、强度、休息、间歇的时间，从而精确地实现训练目标，仅仅记录所完成的量而忽略其他指标是没有意义的。

(5) 专项性：支撑点（近远固定、上下固定、无固定）、供能特征、用力顺序、动作形式与比赛动作一致，幅度、方向实现向比赛动作的最大转移。

(6) 个体性：根据个体差异进行针对性力量训练，保证训练的科学性及有效性。

(7) 处理好负荷和恢复的关系：在每一个训练阶段，负荷安排应大中小结合，循序渐进。小周期训练中，各种不同性质的力量交替进行。每组重复训练中，注意组间的休息，训练水平低的训练者组间休息时间长。力量训练后，一定要注意肌肉的放松，注意激发其训练的兴趣。

七、力量素质训练技术要领

1. 基本的技术动作 在进行力量素质训练时，有一些通用的技术要领，如双手的握姿、握距，身体姿势，呼吸的要领等。正确的动作有利于取得安全和有效的训练效果，另外，有些训练还需要使用保护带。

2. 握姿和握距 力量素质训练中常采用的握姿为正握（掌心向下）和反握（掌心向上）。如在握推的时候就采用正握的姿势，而在弯举中就采用反握的姿势。还有一种握法叫对握（掌心相对），同握手的姿势类似，如在坐姿肩上推训练中的握姿。

保护者通常采用的握姿为正反握（如在保护卧推训练时），即一手朝上，另一手朝下。在正握、反握、正反握中，训练者的拇指都要锁死杠铃，使握杠铃时更加稳固，这时拇指是闭握姿势。当拇指贴在食指的第一关节时，这种握姿称为开握，也称虚握。

当进行杠铃训练时，训练者双手保持一定的距离也是非常重要的，这个距离称为握距。有四种标准的握距，分别为窄握、髋宽握、肩宽握和宽握，一般的力量训练采用肩宽握的握距。

3. 开始姿势 在所有的力量素质训练前，训练者都要保持正确、稳定的姿势，这样才能对要训练的肌肉施以一定的负荷，达到预期的训练效果。

在以站立位进行训练时，训练者的两脚要与肩或臀部同宽，全脚掌着地。在进行器械训练时，要调整好座椅的高度，将训练部位置于器械垫的上方或下方，使关节运动方向与器械运动方向平行。如在进行腿屈伸训练时，要调整好器械靠背的角度，将脚垫调整至合适位置,使膝关节与器械运动轴平行。

4. 五点接触姿势 训练者进行力量素质训练时,可以采用五点接触姿势进行力量训练(表 4-1)。

表 4-1 五点接触姿势力量训练

	坐位或平躺	俯卧位
第一点	头后部	下颌(或一侧的脸部)
第二点	颈背部和肩	胸部
第三点	腰背部和臀部	髋部或大腿前部
第四点	右脚	右手
第五点	左脚	左手

5. 呼吸 在进行训练时,应注意在用力举起重物时呼气,在放下重物时吸气。如在做肩上推时,在推至一半高度时吸气,这种呼吸方法适用于所有的力量素质训练。

在日常力量素质训练过程中,通常训练者会在发力时有憋气的现象,这时会产生瓦尔沙瓦现象。尽管憋气有利于发力,但瓦尔沙瓦现象会限制静脉血液的回流,使心排血量降低;还会引起血压升高,导致眩晕、疲劳、血管破裂等现象。因此,在进行力量素质训练时,尽量不要憋气,即使是训练有素者,在进行最大负荷的练习时,憋气的时间也不能太长(最长 2 s)。

【提示】 推荐两种力量素质训练时的呼吸方法:①在放下重物时吸气,在发力时憋气,然后呼气;②在开始做动作前吸气,在做动作过程中憋气,然后呼气。

6. 举重时保护带的使用 在进行举重训练时,可以使用腰部保护带,这样能够增加腹腔内的压力,减少对脊柱的压力。但过度使用保护带会使腰背部和腹部过分地依赖它,而对躯干的支撑作用相对减弱。因此,选择佩戴保护带进行训练要遵循以下原则:①训练者站在地上进行训练,用最大负荷或接近最大负荷的重量,并且负荷作用位于腰背部(如前蹲、后蹲、站姿肩上推),两个条件必须同时具备,否则可以不必使用保护带;②负荷作用在腰背部,但不在垂直方向上,也不必使用保护带,如卧推、弯举等训练。

7. 力量素质训练的保护 进行力量素质训练时,安全性至关重要,在进行以下四种训练时需要加以保护:①头上训练(如站姿肩上推);②面部上方的训练(如卧推、仰卧臂屈伸);③当杠铃置于颈背部或肩上时(如后蹲);④当杠铃置于肩部或锁骨上时(如前蹲)。

八、力量素质训练动作

(一) 胸部力量训练

1. 俯卧撑(伏地挺身) 动作姿势:取俯卧位,四肢支撑于地上,双肩距离微比肩宽(图 4-38)。动作要领:吸气时身体向下,使前臂与上臂成直角;呼气时发力还原至预备姿势。

【注意】 身体保持中立位,腰椎不可过伸,肩胛带保持稳定以支撑上肢。俯卧撑是

图 4-38 俯卧撑(伏地挺身)

一种综合上肢力量训练,双手支撑距离与目标肌肉有关,如双手窄距,在训练过程中肘关节呈矢状面运动,则目标肌肉更多为肱三头肌。在目标肌肉为胸大肌时,双手距离应与肩部同宽或宽于肩部,并在训练中时肘关节呈水平面运动。

【变化】 俯卧撑力量训练可在跪姿下减小动作难度,也可以使四肢在不平衡物体支撑下提高动作难度。如进行左右胸大肌不同位置训练,可使双臂在前后、左右位置不对等情况下进行特殊需求训练。

2. 仰卧杠铃推举 动作姿势:仰卧平躺,双手间距比肩微宽,握住杠铃,手臂伸直,骨盆呈中立位或后倾位(图4-39)。动作要领:吸气时缓慢垂直下放杠铃于胸骨段,肘关节成90°角;呼气时发力沿直线将杠铃推至预备姿势。

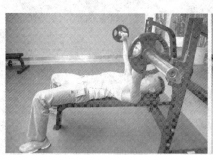

图 4-39 仰卧杠铃推举

【注意】 身体保持中立位或后倾位,腰椎不可在训练中出现过伸位;肩胛带保持稳定以支撑负重;双手间距与目标肌肉训练位置有关,肘关节运动面与训练目标肌肉有关。在训练过程中肘关节在水平面进行屈伸则胸大肌为主目标肌肉;在训练过程中肘关节在矢状面进行屈伸则肱三头肌为主目标肌肉。双手间距也会影响目标肌肉,双手间距越近,刺激胸大肌内侧及肱三头肌较多;双手间距越远,刺激胸大肌外侧较多。

【变化】 仰卧杠铃推举是胸大肌力量训练中较为基础实用且有效的一种训练,其动作变化主要是针对胸大肌上部肌束、中部肌束、下部肌束进行重点刺激。可选择的方法有上斜杠铃推举、下斜哑铃推举、坐姿调整坐位下的推举等。

3. 悬吊式俯卧撑 动作姿势:将悬吊带的长度调到距离地面约30 cm。采用宽握距,手掌支撑身体,保持头部、身体和双腿处于同一水平面(图4-40)。动作要领:吸气时身体向下,使前臂与上臂成直角;呼气时发力还原至预备姿势。

【注意】 保持肩胛骨稳定,身体中立位,收紧腹部。注意要点同上述俯卧撑训练。

图 4-40 悬吊式俯卧撑

【变化】 悬吊式俯卧撑力量训练可在下肢带运动中进行来增加动作难度,如进行左右胸大肌不同位置训练,可使双臂在前后、左右位置不对等情况下进行特殊需求训练。

4. 胸部力量训练其他动作 见表 4-2。

表 4-2 胸部力量训练

目标肌肉	自重训练	力量器械训练	小 工 具
胸大肌	伏地挺身	蝴蝶机夹胸 杠铃平板卧推 上(下)斜卧推 哑铃飞鸟 哑铃卧推 钢线夹胸 双杠撑体	弹力带(索)推胸 TRX 伏地挺身 普拉提球夹胸 BOSU 球伏地挺身 瑞士球伏地挺身 普拉提球伏地挺身

(二)背部力量训练

1. 引体向上 动作姿势:双手正握单杠把柄,手臂伸直,身体自然下垂(图 4-41)。动作要领:呼气时将胸部拉向单杠,上胸部接触单杠。吸气时慢慢放下身体至起始姿势。

【注意】 训练中不要将肩膀耸起,减少斜方肌用力,胸部接触单杠,可增大动作幅度,从而增加肌肉刺激效果。

【变化】 并不是所有人都可以完成引体向上这类难度动作,减少难度方式为选择辅助减重,或使用引体向上辅助器械完成。双手反握时肱二头肌参与较多,可利用肱二头肌代偿完成引体向上动作训练。肩胛骨功能障碍者此训练动作不可取。

2. 坐姿高位下拉 动作姿势:坐姿,脊柱中立位。双手握拉杆,与肩同宽或宽于肩距。动作要领:呼气时肩胛骨后缩收紧,双臂将拉杆至胸部位置。吸气时将拉杆慢慢还原至起始姿势(图 4-42)。

【注意】 运动中先进行直臂肩胛骨回缩动作后,双臂再进行下拉动作。减少关联肌肉参与。

图 4-41 引体向上

图 4-42 坐姿高位下拉

【变化】 在坐姿高位下拉中强调肩胛骨作用较多,为减轻其难度,可以选择坐姿水平拉背动作,让肩胛骨减少回旋动作。如有肩胛骨功能障碍,此训练动作不可取。

3. 坐姿弹力带划船　动作姿势:坐姿,双腿分开与肩同宽,双手分别握住弹力带的一端,双脚固定弹力带位置,肩膀自然下垂(图4-43)。动作要领:呼气时身体不动,肩胛骨回缩后双臂将弹力带拉至腹部位置,吸气时将弹力带慢慢还原至起始姿势。

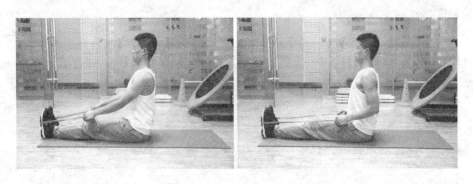

图 4-43 坐姿弹力带划船

【注意】 训练中保持身体稳定,先进行肩胛骨后缩动作后再进行肩伸屈肘动作。

【变化】 坐姿体位下的背肌训练重点强调肩胛骨后缩,进行背肌训练时可以调整坐姿高度来分别刺激背部肌肉纤维。

4. 背部力量训练其他动作　见表4-3。

表4-3　背部力量训练动作列表

目标肌肉	自重训练	力量器械训练	小　工　具
中下斜方肌	直臂后缩	直臂划船 高位下拉器直臂下拉 俯身哑(杠)铃直臂划船	弹力带直臂后缩 悬吊直臂后缩
背阔肌	引体向上	高位下拉 俯身哑铃划船 杠铃划船 坐姿拉力器划船	悬吊后缩 弹力带(索)划船
竖脊肌	俯卧挺身	屈腿杠(哑)铃硬拉 罗马椅挺身	BOSU球脊椎伸展 仰卧悬吊支撑
冈下肌、小圆肌	徒手外旋	哑铃屈肘臂外旋 钢线屈肘臂外旋	弹力带(索)外旋 靠球外旋对抗
肩胛下肌、大圆肌	徒手内旋	哑铃屈肘臂内旋 钢线屈肘臂内旋	弹力带(索)内旋 靠球内旋对抗

(三) 肩部力量训练

1. 坐姿仰卧上斜器械推举　动作姿势：坐姿，背靠推肩器上，双手握住把柄，身体挺直，上背自然前拱(图4-44)。动作要领：呼气时双臂上举，保持身体稳定，吸气时慢慢下放器械至起始姿势。

图4-44　坐姿仰卧上斜器械推举

【注意】　运动中身体应紧靠椅背上，减少腰部发力。

【变化】　推举类力量训练是发展三角肌力量的一种很好的方法，调整身体角度可刺激到三角肌不同肌肉纤维，身体从直立位逐渐呈坐姿仰卧，上斜角度越大，胸部参与肌肉逐渐增加。

2. 双柄药球前平举　动作姿势：站立位，双手握持药球于身体前，双臂微微弯曲，掌心相对，自然下垂(图4-45)。动作要领：呼气时双臂上举，保持身体稳定。吸气时慢慢下放至起始姿势。

图 4-45 站姿药球前平举

【注意】 运动中身体保持稳定,减少背部肌肉发力,脊柱后伸。

【变化】 前平举类力量训练是发展三角肌前部肌束力量较好的一种方法,训练中可增加肩关节其他方向运动来促进肌肉收缩。如肩外旋前平举、肩内旋前平举。

3. 站姿俯身弹力带飞鸟 动作姿势:站姿,俯身保持身体直立,双脚固定弹力带,屈膝屈髋,两手持弹力带(图 4-46)。动作要领:呼气时双手外展拉弹力带至手臂平行于地板。吸气时慢慢还原动作至初始动作。

图 4-46 站姿俯身弹力带飞鸟

【注意】 俯身肩部训练主要发展三角肌后部肌束力量,在训练过程中应保持俯身体位,身体控制稳定,肩部发力向上抬起。

【变化】 三角肌后部肌肉的力量训练可以选择站立位、坐位、俯身等体位,不管选用何种体位,肩关节水平外展是发展三角肌后束力量的重要动作。

4. 肩膀力量训练其他动作　见表 4-4。

表 4-4　肩部力量训练动作列表

目标肌肉	自重训练	力量器械训练	小　工　具
三角肌 （前中后束）	倒立推肩	坐姿推肩 哑铃肩上推举 哑铃侧（前）平举 杠铃前平举 拉力器前平举 俯身飞鸟 杠铃直立划船	弹力绳（索）前平举 弹力绳（索）侧平举 弹力带肩上推举

（四）臂部力量训练

1. 反握引体向上　动作姿势：双手反握龙门架（单杠）把杆，手臂绷直，身体直立，自然下垂，双脚脚踝相扣。每一次放下身体时都要回到该姿势（图 4-47）。动作要领：呼气时将胸部拉向单杠，上胸部接触单杠，吸气时慢慢放下身体至起始姿势。

图 4-47　反握引体向上

【注意】　运动中以肱二头肌为主要发力肌肉，肘关节屈曲。胸部接触单杠，可增大动作幅度，从而增加肌肉刺激效果。

【变化】　并不是所有人都可以完成引体向上这类难度动作，减少难度的方式为选择辅助减重或选择引体向上辅助器械完成。

2. 坐姿哑铃肱二头肌弯举　动作姿势：身体坐直，双手正握哑铃，手臂自然下垂于体侧（图 4-48）。动作要领：呼气时上臂不动，肱二头肌发力，使肘关节屈曲，将哑铃（杠铃）举起，尽可能靠近肩部，吸气时慢慢还原动作至起始姿势。

【注意】　训练中身体保持稳定，腕关节保持稳定。

【变化】　肱二头肌力量训练变化的主要目的是更全面地刺激使肘关节屈曲的作用肌。调整身体与手臂的角度，或在肘关节屈曲过程中增加手臂外旋动作都可以给肱二头肌各肌束不同的刺激收缩。除了在屈伸运动中增加外旋动作外，使用杠铃进行肱二头肌力量训练时可以调整双手握距来刺激使肘关节屈曲的作用肌。可变化动作如站姿体位下各种弯举、坐姿上斜体位下的各种弯举、坐姿肩屈固定支撑体位下的各种弯举。

3. 坐姿绳索肱二头肌弯举　动作姿势：坐姿，身体直立，反手握住拉杆，双手距离

图 4-48　坐姿哑铃肱二头肌弯举

与肩同宽(图 4-49)。动作要领:呼气时,双臂同时发力使肘关节屈曲,将拉杆尽可能拉向胸部。吸气时慢慢回到起始姿势。

【注意】　训练过程中调整好重量选择,尽可能控制上臂不动,身体保持直立。

【变化】　全面进行肱二头肌的力量训练在于调整运动中手臂的位置和方向,同坐姿哑铃肱二头肌弯举中的变化所示。

图 4-49　坐姿绳索肱二头肌弯举

4. 臂部力量训练其他动作　见表 4-5。

表 4-5　臂部力量训练动作列表

目标肌肉	自重训练	力量器械训练	小工具
肱二头肌	反握引体向上	哑铃弯举(站姿、坐姿)	弹力带(索)弯举
		杠铃弯举	TRX 引体
		拉力器弯举	瑞士球托举
		牧师椅臂弯举	
		单臂哑铃弯举	
肱三头肌	窄距俯卧撑	钢线下拉	弹力带俯身臂屈伸
	仰卧撑	仰卧杠铃臂屈伸	
	双杆臂屈伸	俯身哑铃臂屈伸	
		坐姿颈后臂屈伸	
		窄距推举	
		坐姿下压	

续表

目标肌肉	自重训练	力量器械训练	小 工 具
前臂屈肌		哑(杠)铃腕弯举 哑(杠)铃反握腕弯举	弹力带(索)弯举

(五)腿部力量训练

1. 站姿自重蹲起 动作姿势:双脚分开,与髋同宽,手臂交叉扶肩,臀部微微向后,屈膝坐髋(图4-50)。动作要领:吸气时身体向下蹲,臀部向后,至大腿与地面平行即可。呼气时腿部发力慢慢还原至初始位置。

【注意】 在身体下蹲的时候,注意膝盖不要超过脚尖,防止膝关节压力增大,造成不必要的损伤。

【变化】 蹲起类训练主要发展下肢带肌肉力量,包括臀部肌肉。此类训练变化可选择改变髋外展、外旋角度,可以选择在不平衡物体上或单脚支撑进行训练,为了减小动作难度可以借助悬吊绳索辅助进行训练。

2. 站姿负重箭步蹲起 动作姿势:站姿,双手持握一对哑铃,掌心相对,自然垂直于身侧。双脚前后开立1~1.5步距离,左右与髋部同宽,后脚脚跟抬起(图4-51)。动作要领:吸气时身体向下,双腿做弓箭步下蹲,前侧下肢屈髋屈膝至成90°角,后侧下肢完成伸髋屈膝,停顿片刻,慢慢还原至起始姿势。

图4-50 自重蹲起　　　　　　　　图4-51 负重箭步蹲起

【注意】 训练中保持身体直立稳定,髋关节控制稳定。一侧膝关节不接触地面,另一侧膝关节不超过脚尖位置。

【变化】 弓步下蹲类训练动作是强调在平衡稳定下的一种力量训练方法,其训练方法可选择的动作有交替弓步蹲、直行弓步走等。负重形式也可选择如杠铃、弹力带、沙袋等工具。

3. 坐姿器械腿屈伸 动作姿势:坐于练习器上,双手闭握把柄,将脚踝放在圆形辅助垫下,保持身体直立(图4-52)。动作要领:呼气时膝关节伸展向上抬起。吸气时慢慢还原动作至起始姿势。

【注意】 训练中注意身体保持稳定,大腿部分保持固定,器械固定于踝关节上侧,不宜太高或太低。

图 4-52 器械腿屈伸

【变化】 坐姿腿屈伸类动作是发展股四头肌的一种力量训练方法，如重点针对股内侧肌或股外侧肌，可以选择在股骨外旋或内旋位进行腿屈伸运动，但要注意对膝关节的影响。

4. 腿部力量训练其他动作 见表 4-6。

表 4-6 腿部力量训练其他动作列表

目标肌肉	自重训练	力量器械训练	小 工 具
股二头肌	站姿单腿弯举	杠铃直腿硬拉	弹力带俯身腿弯举
		哑铃直腿硬拉	弹力绳俯身腿弯举
		腿弯举训练器	沙球俯身腿弯举
小腿三头肌	站姿提踵	杠铃站姿提踵	BOSU 提踵
		哑铃站姿提踵	软踏提踵
		坐姿提踵器	沙袋膝跳
			壶铃膝跳
			弹力带提踵
股四头肌	弓箭步蹲	杠铃箭步蹲	踏板箭步蹲
		哑铃箭蹲	BOSU 箭步蹲
		坐姿腿屈伸训练器	TRX 箭步蹲
			腿部伸展力量训练器
髋外展肌	站姿直腿侧平举	拉力器	沙袋侧滑步
	侧卧抬腿	哑铃直腿侧平举	弹力套外展
		杠铃直腿侧平举	
髋内收肌	站姿髋内收	坐姿髋内收器	弹力套髋内收
		拉力器	普拉提圈髋内收
		哑铃侧弓步	普拉提圈髋内收
		杠铃侧弓步	
胫骨前肌	反向提踵	杠铃站姿反向提踵	软踏反向提踵
		哑铃站姿反向提踵	

（六）核心肌力训练

1. 仰卧胸部抬起　动作姿势：仰卧位，双手交叉于头后，屈髋屈膝，双脚平放于垫上，保持脊柱中立位（图4-53）。动作要领：呼气时，颈椎引导胸椎抬起；吸气时，慢慢还原动作至起始姿势。

图4-53　仰卧胸部抬起

【注意】　训练中颈椎排列引导胸椎屈曲，颈椎部分完成屈曲动作后即可、整个训练主要是通过胸椎屈曲完成，因此，颈椎部分不要过分发力。在脊椎排列屈曲训练中，依靠腹压完成动作。

【变化】　仰卧脊椎屈曲动作类的训练主要训练躯干核心部位的腹肌部分，其变化动作可以通过双臂引导脊椎完成脊椎屈曲动作，也可通过脊椎屈曲后通过手臂前后摆动控制其腹部肌肉的收缩控制。简单的动作，可以通过运动控制器械完成（图4-54）。

图4-54　坐姿脊椎控制

2. 俯身核心控制　动作姿势：俯卧位，双脚支撑于地上，小臂支撑于器械上，保持身体稳定（图4-55）。动作要领：保持大臂垂直于水平面，腹部收紧，呼气时腹部用力贴向背部。

【注意】　俯身位下骨盆中立位依然会对脊椎产生一定压力，为了更好地获得核心部位的训练及减小腰椎压力，训练中应保持骨盆后倾位姿势。

【变化】　俯身支撑类训练是核心训练中一种有效的训练方法，主要通过闭链支撑等长训练来获得核心力量促进。为增加或减小难度可以采用单腿抬起或跪姿等方法。

3. 坐姿仰卧脊椎退让　动作姿势：坐姿，双腿屈髋屈膝，保持身体直立。动作要领：呼气时脊椎逐节退让排列接触支撑面；吸气时脊椎逐节抬起还原至初始位置（图4-56）。

图 4-55 俯身核心控制

图 4-56 坐姿仰卧脊椎退让

【注意】 训练中强调脊椎节段运动,按照脊椎排列顺序进行。腰骶段接触支撑面以减少腰椎应力,对于腰骶问题的训练者尤为重要,通过腹压进行脊椎退让可以获得最佳的核心肌肉力量训练。

【变化】 脊椎退让类动作是核心训练中强调控制脊椎排列的一种核心控制训练,是很多脊椎问题训练者运动康复中重要的一个训练环节。在没有专业控制训练设备时,可以选择垫上训练的方式进行。垫上练习是动作难度增加的一种训练,但腰椎或骶骨功能问题的训练者是不考虑采用垫上训练方法进行训练的。

4. **俯卧脊椎排列** 动作姿势:俯卧位,身体自然与器械接触,双脚支撑稳定于器械上。动作要领:呼气时脊椎由下至上逐节排列抬起;吸气时慢慢还原动作至起始姿势(图 4-57)。

图 4-57 俯卧脊椎排列

【注意】 训练中特别强调脊椎排列,在很多腰背功能受限的人群中,往往存在多裂肌功能障碍,在这个动作训练中,脊椎的排列是重点。

【变化】 在脊椎排列的训练中,俯身脊椎排列重点是强调背部深层肌肉多裂肌的功能训练。在日常生活中最为基础的训练就是站姿俯身脊椎排列,但对于腰背功能受限者来讲基础训练效果不大,腰部核心肌群是腰背功能受限患者首个训练的肌肉。

5. 核心肌力训练其他动作 见表 4-7。

表 4-7 核心肌力训练其他动作列表

目标肌肉	自重训练	力量器械训练	小工具
腹直肌、腹内外斜肌	卷腹旋体	坐姿卷腹	TRX 斜撑
	罗马椅旋体	哑铃卷腹	TRX 卷腹
	仰卧卷腹	杠铃卷腹	靠球卷腹
	反向卷腹	跪姿滑轮卷腹	沙袋收腹
	悬垂举腿		腹部训练器收腹
	站姿吸腿		
竖脊肌	燕式背伸展	罗马椅背伸	持球俯身背伸
	上肢背伸展	坐姿背伸	弹力带阻力背伸
	下肢背伸展	负重背伸	
	对侧背伸展		

知识拓展 4-3

第四节 速度素质及其训练

一、速度素质定义

速度素质是指人体或人体某部位快速运动的能力,也是人体或人休某一部位快速做出运动反应、快速完成动作、快速移动的能力。通过一定的方法来提高运动员的速度素质,对发展运动员的快速运动能力有积极的意义。

二、速度素质的种类与特点

速度素质是人体进行快速运动的一种能力,基本的表现形式有反应速度、动作速度和周期性运动中的位移速度,三方面既有联系,又有区别,故速度能力提高的途径也具有多方面的特点。

(一)反应速度的概念及训练

反应速度是指人体对各种信号刺激(如声、光、触等)的快速应答能力。这种能力取决于信号通过神经传导所需时间的长短,机体的感受器感受到刺激时,由感觉神经元传入中枢神经,由中枢神经发出指令,经运动神经元传出至效应器肌肉,肌肉产生运动。在运动中反应速度又称为反应时,反应时长反应速度慢,反应时短反应速度快,如乒乓球选手主要接受视觉信号而做出应战反应。

反应速度的训练包括简单反应速度和复杂反应速度的训练。简单反应速度训练的特点是通过训练尽量缩短感觉(视、听、触)-动作反应的时间;复杂反应速度训练的特点则是尽量缩短感受(视、听、触)-中枢分析-动作反应的时间。

1. 简单反应速度的训练　在体育运动实践中,简单反应速度往往受到中枢神经系统的兴奋程度,注意力的集中程度,肌肉组织的准备状态,动作技术的掌握程度,对信号特征、时间特征的感受与辨别能力,以及遗传因素等的制约。如果要把简单反应速度提高到一定程度,就必须针对上述因素(除遗传因素)采用相应的方法。简单反应速度训练的方法一般有以下几种。

(1) 完整练习:利用已经掌握的完整的单个动作或组合动作,尽可能快地对突然出现的信号或突然改变的信号做出应答反应,以提高反应能力。如反复完成蹲踞式起跑;根据特定信号改变动作方向;对已知对手的运动做出不同的反应动作;对快速运动目标做出迅速反应等。这种对信号反应的完整练习,在运动员初级水平阶段作用比较明显。

(2) 分解练习:由于简单动作反应是通过具体的、有目的的运动动作及其组合来完成的,因此采用分解练习能充分利用动作速度向简单反应速度转移效果。分解练习是相对完整练习而言的,就是分解应答反应的动作,使之处于更为简单的条件,以提高分解动作的速度来提高简单反应速度。如田径运动员采用蹲踞式低姿起跑的反应时间较站立式高姿起跑慢的原因,主要是蹲踞式起跑时,运动员的手臂支撑着较大的体重,要较快离开支撑点是很困难的。因此,可进行分解练习,即先用高姿起跑或手扶其他物体的形式,单独练习对起跑信号的反应速度,然后再逐步过渡到低姿起跑练习,这样将会取得更好的练习效果。

(3) 变换练习:通过改变练习的形式让运动员在变化的情况下完成练习。改变练习的形式主要包括两方面内容,一是改变刺激信号的接收形式,如将视觉刺激信号改变成听觉、触觉的形式;二是改变应答反应的动作形式。利用变换练习,既能有效地提高人体各感受器的功能和缩短简单反应的时间,又能提高练习积极性,提高训练的效果。

(4) 运动感觉练习:运动感觉练习是身体训练与心理训练相结合的一种方法。在人体反应过程中,可提高对微小时间辨别的时间知觉,从而发展反应速度。这种练习对运动实践具有一定的实际意义。运动感觉练习一般要经过三个阶段。

第一阶段:运动员接收到信号后,以最快的速度对信号做出应答反应(如做 5 m 的起跑),然后获得该次反应练习的实际时间。

第二阶段:运动员自己估计反应练习的所用时间,而后与实际时间对照比较,由此提高运动员对时间感觉的准确性。

第三阶段:当运动员的估计时间与实际时间在大多数情况下吻合时,运动员就能较准确地判断反应时间的变化,在练习中按所要求的时间完成一次反应过程,运动员辨别时间差能力越强,越精细,就越能自由地掌握反应速度,并使反应速度得到提高。

另外,运动员的注意力指向与反应速度能力有关。在练习中应要求运动员把注意力集中在将要进行的动作上,因为注意力集中在动作比集中在信号上反应速度要快一些。注意力的指向和肌肉紧张有关。注意力集中在动作上,完成该动作有关的肌群紧张度就会提高,从而加快动作的完成。

2. 复杂反应速度的训练　复杂反应在运动中大部分属于选择反应。选择反应一般包含两种形式,一是对移动目标的反应,即指对运动客体的变化做出反应;二是选择动作的反应,主要指根据对手动作变化做出相应动作反应。所以,复杂反应速度的训练也包括移动目标练习和选择动作练习。

(1) 移动目标练习：对移动目标产生反应并做出选择，一般要经历四个阶段。如对球类运动中的运动客体——球的反应，首先要看到球；二是判断球的速度与方向；三是选择自己动作的方案；四是实现这个方案。这四个阶段组成了复杂反应过程，整个过程时间一般为 0.25~1 s。实践表明，前两个阶段的时间要耗费整个反应时间一半以上，这两个阶段中，时间分配也不平均，绝大部分时间用在第一阶段，第二阶段只占极少部分，约 0.05 s。因此，移动目标练习中要特别考虑到反应时间分配的特点。

首先，要重视视觉观察移动物体能力的练习。通过不同的位置、方向和以不同速度的传球，能使这种能力得到提高。不过在练习中要注意注意力的指向与分配；其次，加强"预料"能力的培养，培养视野预先"观察到"和"盯住"运动物体，以及预先确定运动物体可能移动的方向和速度的能力。这种能力要在技术和战术动作的提高过程中得到相应的提高；再次，有意识地引入和增加外部刺激因素，如可以在专项训练时增加球的数量，采用球的游戏法练习，安排一对二的训练等。还可采用带有程序设计装置的练习器和其他专门设备，如乒乓球、排球发球机，射击中的移动靶等。

(2) 选择动作练习：根据对手动作变化做出相应的动作反应是人体反应与专项运动密切结合的一种形式，这种练习专项化程度很高，对专项运动的作用也十分明显。选择动作练习内容包括两部分，一是在专项训练中使需要选择的情况复杂化，如在练习中提供更多需做出反应的动作，由此增加反应过程中的选择面和难度，促进中枢神经系统的分析辨别能力，缩短反应的时间；二是练习中努力教会运动员合理利用对手可能做出动作变化的"预先信息"。这种预先信息可从观察对手的姿态、面部表情、眼神、准备动作、总体风格中得到，一旦能准确意识到对手可能采用的动作变化，就可以快速、准确地选择相应的动作来应答。

（二）动作速度的概念及训练

动作速度是指人体或人体的一部分完成单个动作或成套动作的快慢以及单位时间内重复动作次数多少的能力。因此，动作速度又分为单个动作速度、成套动作速度及动作速率三种。如投掷运动员掷出器械的速度，排球运动员的扣球速度，跳高运动员的起跳速度，体操和武术运动员完成成套动作的速度，以及拳击运动员在单位时间内的出拳速率等。

动作速度寓于具体的动作之中。在动作速度的训练中，专项要求不同，动作速度训练的任务和内容也有区别，因此，动作速度和动作技术的完善程度紧密联系在一起。另外，动作速度直接受到力量、柔韧性、灵敏度等其他身体素质发展水平的制约，所以动作速度的训练与其他素质的发展也密切相关。动作速度的培养，必须通过技术水平的巩固与提高，以及有关身体素质的发展才能实现。

1. 完善技术练习 动作速度的提高，在很大程度上取决于完善的动作技术，因为动作幅度大小、工作距离长短、工作时间多少以及动作的方向、角度与部位等都与动作速度有着极为密切的关系。其次，在技术练习中，人体协调性会得到相应的提高。完成动作时，人体各肌群之间，肌肉活动与内脏活动之间，各内脏活动之间就会表现出同时或前后配合协作一致的现象，这将有利于在发展动作速度时最大限度地减少人体内部的阻力（如被动肌群的阻力、人体运动时内脏器官的阻力等），从而提高动作速度。

2. 利用助力练习 利用助力练习是指在动作速度训练中，利用外界自然条件的助力和人为因素的助力来提高动作速度。外界自然条件的助力是指利用风的方向或水的流向,如自行车运动员顺风骑、速滑运动员顺风滑、短跑运动员顺风跑和游泳运动员顺水游等,这种方法对提高动作速度既经济又有效。人工因素的助力可分为机械助力和人为助力,机械助力是由专门机械或设备的牵引形成的,如摩托车的牵引、牵引机的牵引等;人为助力是指教练员或他人直接或间接施加给运动员顺运动方向的力,帮助运动员提高动作速度或完成某一技术环节的动作速度。如短跑项目一带一、快带慢的牵引跑,体操项目教练员直接给予运动员助力,帮助其提高动作速度等。不论是哪一种助力形式,运用时都应循序渐进。以提高动作速度为主的练习,助力应逐渐加大;以提高单个动作速度为主的练习,助力应逐渐减小。

3. 利用后效作用练习 利用后效作用练习指利用动作加速和器械重量变化获得的后效作用来提高动作速度。如在跳高训练中,先穿沙背心或沙袋进行负重跳可获得重量减轻后的后效作用;利用下坡跑可获得加速的后效作用;在推标准铅球之前可先用加重铅球做练习而获得重量减轻后的后效作用。这是由于在第一次动作完成后,神经中枢剩余的兴奋在随后动作过程中仍然保持着运动指令,从而大大缩短动作进行的时间,提高动作速度。但是,这种后效作用的产生取决于负荷的大小和随后减轻的情况,以及练习重量的重复次数和不同重量的练习的交换次数与比例。如用增加重量的铅球练习后,再用标准重量的铅球进行练习,两者合理比例应为1∶2～1∶3。而在用标准重量铅球练习后,再进行减轻重量的铅球练习,两者比例应为1∶1。在同一次课中,把3种重量的速度练习组合在一起,顺序安排应是加重—标准—减轻。在短跑练习中应该是上坡跑—水平跑—下坡跑。这种由重到轻的安排就是要利用动作的后效作用。

4. 加大难度练习 加大难度练习主要是通过缩小练习完成的空间与时间界限,用特定的要求来促使动作速度的发展,如球类小场地快速完成练习。因为运动活动中动作速度表现的平均水平和快速动作的完成,在相当程度上受专项活动持续时间和活动场地等影响,因此,在动作速度的练习中,可限制练习的时间、空间条件,使运动员以最大速度完成动作,从而提高训练效果。

(三)位移速度的概念及训练

位移速度是指在周期性运动中,单位时间内人体快速位移的能力。通常用通过一定距离的时间或单位时间内所通过的距离来表示,如短跑运动员的跑速、跳高运动员的助跑速度等。从物理学上讲,位移速度(V)是表示物体运动快慢的物理量,它是距离(S)与通过该距离的时间(T)之比,可用公式 $V=S/T$ 表示。

位移速度在某种意义上可看成是人体的一种综合运动能力。位移速度的快慢不仅和动作技术水平有关,而且和力量、柔韧性、速度耐力以及协调性的发展也有着十分密切的关系。从另外一个角度,也可把位移速度看成是动作速度、速度耐力与意志力的组合。所以位移速度练习可采用以下方法。

1. 力量练习 力量练习是提高位移速度的基本方法之一。常用的提高位移速度的力量练习有负重杠铃、各种单双足跳、多级跳和跳深等。力量水平特别是爆发力水平的提高对位移速度的提高具有相当重要的意义,在力量练习中应注意以下几点。

(1)力量练习时,以提高速度力量为主,通常是强调负重力量练习的速度,力争快速完成。

(2) 注意采用极限和次极限负荷强度,以提高快肌纤维的功能,练习的次数与组数不宜过多。

(3) 通过力量练习提高肌肉、韧带的坚韧性,防止在速度训练中受伤。

(4) 力量练习后应有 2～6 周的减量练习阶段,以便通过"延缓转化"把所提高的力量能力转移到速度能力上去。

(5) 多做一些超等长的力量练习(如多级跳、跳深等),以提高肌肉收缩时的快速力量。

2. 重复练习 重复练习是指以一定的速度,多次重复一定距离的练习。这种方法对提高人体在快速移动中克服各种内外阻力的能力以及速度耐力十分重要。采用重复练习时要重视以下问题。

(1) 练习强度:提高运动员快速移动能力的主导因素。位移速度属极限强度,应以高强度进行位移速度的练习,强度一般可控制在 90%～95%,在此之前要安排一些中等或是中上等强度的练习作为适应。在高强度的练习中,运动员注意力高度集中,最大限度地动员肌肉力量,并加大动作速度与幅度,发挥最高速度水平。

(2) 练习量:位移速度练习要保证一定时间,但不宜太长。高强度练习一般持续时间在 20 s 以内,以位移距离 30～60 m,游泳 10～15 m,速滑 100～200 m 为宜。次数和组数的确定应根据运动员最高速度出现与保持的时间,以及克服疲劳和机体恢复的能力来决定。一般来说,极限负荷时间短,一组 6～7 次,重复 5～6 组,非极限负荷时间长,重复次数与组数减少。

(3) 间歇安排:应以运动员机体相对得到恢复为标准。运动员在下一次练习开始前,中枢神经系统又再度兴奋,机体内物理化学变化在很大程度上已经中和,能保证下次练习的能量供应。间歇时间的长短主要和练习持续时间有关。一般来说,练习持续时间 5～10 s,各次练习间休息 1～2 min,组间间歇 2～5 min;或练习持续时间 10～15 s,各次练习间休息 3～5 min,组间间歇 10～20 min。

(4) 肌肉的放松能力:在重复练习中,肌肉在极限强度负荷下完成最快的收缩功能,容易疲劳,恢复较慢,所以在练习中要重视提高肌肉的放松能力,也就是肌肉主动消除疲劳的能力。大量的材料表明,放松能力对速度运动项目的影响越来越大。

3. 步频、步幅练习 步频和步幅是影响位移速度的两个主要因素,尤其是步频受肌纤维类型和神经活动灵活性制约,步幅受腿的长度、柔韧性、后蹬技术力量的制约。这五个因素中,只有柔韧性和后蹬技术通过训练能得到改善,其他三个因素受遗传的影响,后天改善的程度有限。因此,对有一定训练水平的运动员,主要是通过提高步幅来提高位移速度。目前,通过人为条件发展步频、步幅的方式很多,如使用牵引机、加吊架的领先装置、转动跑道、惯性跑道等。

4. 比赛法、游戏法练习 比赛法是速度训练中经常采用的方法。由于移动速度练习时间短,经常采用比赛法是可行的,采用比赛法能促使运动员情绪高涨,使其表现最大速度的可能性增加,通过比速度、比技术、比成绩等可以起到激励斗志、鼓舞情绪的作用。在比赛的条件下,往往能比平时更快地做出反应,完成快速移动。游戏法同比赛法作用一样,可以激起运动员高涨的情绪。同时,由于游戏过程能引起各种动作变化,还可以防止因经常安排最大速度练习而引起的"速度障碍"形成。

知识拓展 4-4

第五节 耐力素质及其训练

一、耐力素质的概念

耐力素质是指人体在长时间进行工作或运动中克服疲劳的能力,也是反映人体健康水平或体质强弱的一个重要标志。许多运动项目都需要持续较长或很长时间,这就要求运动员要有良好的耐力素质,必须具备能与疲劳斗争的能力。

二、耐力素质的种类及训练

耐力素质的分类及命名十分繁杂,根据分类的方法、角度不同,耐力素质可划分成许多种类。如根据活动持续的时间,可把耐力素质分为短时间耐力、中等时间耐力和长时间耐力;根据与专项运动的关系,耐力素质可分为一般耐力与专项耐力;根据肌肉的工作方式,耐力素质可分为静力性耐力和动力性耐力;还可按运动时的外部表现分为速度耐力、力量耐力和静力耐力等;按该项工作所涉及的主要器官分为呼吸循环系统耐力、肌肉耐力及全身耐力等;还可按参加运动时能量供应的特点分为有氧耐力和无氧耐力。本节将着重从能量供应的角度,介绍有氧耐力和无氧耐力的生理基础,以及有氧耐力与无氧耐力的训练等问题。

(一)有氧耐力及其训练

1. 有氧耐力的生理基础 有氧耐力(aerobic endurance)是指人体长时间进行有氧工作(依靠碳水化合物、脂肪等有氧氧化供能)的能力。供氧充足是实现有氧工作的先决条件,也是制约有氧工作的关键因素,而运动中氧的供应受多种因素制约。

(1)心肺功能:空气中的氧通过呼吸器官的活动吸进肺,并通过物理弥散作用与肺循环毛细血管血液之间进行交换。因此,肺的通气与换气功能是影响人体吸氧能力的因素之一。优秀的耐力运动员的肺容积、肺活量均大于非耐力运动员和无训练者,肺的通气机能和弥散能力也大于一般人。肺功能的改善为运动时氧的供给提供了先决条件,弥散入血液的氧由红细胞中的血红蛋白携带并运输,因此,血液的载氧能力和心脏的泵血功能与有氧耐力密切相关。在运动训练中常可观察到,如果运动员血红蛋白含量下降10%,往往会引起有氧能力降低和运动成绩下降。要实现肺泡与肺毛细血管血液间的气体交换,除了要有一定的肺泡通气外,还必须有相应数量的肺部血液流量,后者又取决于单位时间内由心脏排出的血量。"通气/血流"的值在安静时一般无明显变化,但从安静状态转入最大强度运动时,其比值可明显增大。这是由于运动时,人体增加肺通气的能力远远大于增加心排血量的能力,结果导致机能无效腔(即未得到血液的肺泡)大大增加。因此,肺通气机能并非是限制有氧能力的主要因素,而心脏的泵血机能是限制最大有氧能力提高的一个十分重要的因素。心排血量受每搏排血量和心率的制约,许多研究已证明,运动训练对最高心率影响不大,甚至可以降低心率,所以从事最大负荷工作时心排血量的差异主要是由每搏排血量造成的,因此,增加心排血量的关键是增加每搏排血量,后者又取决于心肌收缩力及心腔容积的大小。优秀的耐力专项运动员在系统训练的影响下心脏的形态与机能出现一系列适应性的变化,主要表现为左心室内腔扩张,心容积增大,安静时心率减慢,每搏排血量增加。这表明心脏的泵血机能和工作效率得到提高,以适应长时间持续运动的需要。

(2) 骨骼肌特点:当毛细血管血流经组织细胞时,肌组织从血液中摄取和利用氧的能力与有氧耐力密切相关。肌组织利用氧的能力,一般用氧的利用率(即每 100 mL 动脉血流经肌组织时肌组织利用氧的百分率)来衡量。

肌组织利用氧的能力主要与肌纤维类型及其代谢特点有关。实验证明,优秀的耐力运动员慢肌纤维百分比高,并出现选择性肥大现象,同时还伴有肌红蛋白、线粒体的体积增大、数量增多和氧化酶活性增加、毛细血管数量增加等方面的适应性变化。因此,有氧耐力的好坏不仅与心肺功能或氧运输系统有关,而且与氧的利用能力即肌纤维的组成及其有氧代谢能力有密切关系。目前认为,心排血量是决定最大摄氧量(VO_{2max})的中枢机制,而肌纤维类型的百分比组成及其本身的特点是决定最大摄氧量的外周机制。

(3) 神经调节能力:长期进行耐力训练,不仅能够提高大脑皮质神经调节过程的稳定性,而且能够改善各中枢间的协调关系。其表现为运动中枢的兴奋与抑制过程更加集中,肌肉的收缩与舒张更加协调;各肌群(主动肌、对抗肌、协同肌)之间的配合更趋完善;内脏器官的活动(即氧运输系统的功能)能更好地与肌肉活动相适应。神经调节能力的改善,可以提高肌肉活动的机械效率,节省能量消耗,从而保持长时间的肌肉活动。

(4) 能量供应特点:耐力性项目运动持续时间长,强度较小,其能量绝大部分由有氧代谢供给。所以,机体的有氧代谢能力与有氧耐力素质密切相关。系统的耐力训练,可以提高肌肉有氧氧化过程的效率和各种氧化酶的活性,以及机体动用脂肪供能的能力;在长时间耐力练习中,随着运动时间的延长,脂肪供能的比例逐渐增大,从而节省糖原的利用。人体动员脂肪供能的能力,可以从血浆中自由脂肪酸的含量来判断。

2. 提高有氧耐力的训练方法 提高有氧耐力的常用训练方法有持续训练法、间歇训练法及高原训练等。

(1) 持续训练法:强度较低、持续时间较长且不间歇地进行练习的方法。目前在田径中长跑和游泳训练中,常采用长距离的持续性匀速练习,主要用于锻炼心肺功能和发展有氧耐力。长时间的持续训练,可以提高大脑皮质神经调节过程的均衡性和机能稳定性,提高呼吸和循环系统的机能及 VO_{2max},并可引起慢肌纤维出现选择性肥大,肌红蛋白也有所增加。尤其是儿童少年及训练水平低者应以低强度的匀速持续训练为主。

在发展有氧耐力而进行的持续性练习中,运动强度的选择十分重要。一般认为,应采用超过本人 VO_{2max} 50%的强度运动,才能使有氧能力显著提高。不少学者提出了各自研究所得的标准,如美国的库珀(Cooper)提出,运动时的心率应达到 150 次/分,并至少维持 5 min;荷兰的卡沃宁(Karvonen)提出适宜强度下的心率为安静心率+(最高心率-安静心率)×60%,其公式中的百分比可因人而异,训练水平较高者可乘以 70%,训练水平较低者可乘以 50%。上述强度标准可供参考。

(2) 间歇训练法:在两次练习之间有适当的间歇,并在间歇期进行强度较低的练习,而不是完全休息。由于间歇训练对练习的距离、强度及每次练习的间歇时间有严格的规定,往往不等身体机能完全恢复就开始下一次练习,因此,对身体机能要求较高,能引起机体结构、机能及生物化学等方面较深刻的变化。从生理学角度分析,间歇训练主要有以下特点。

①完成工作的总量大:间歇训练比持续训练能完成更大的工作量,并且用力较少,呼吸、循环系统和物质代谢等功能得到较大的提高。奥斯特朗(Astrand)发现,让训练者用两种不同的方法每分钟完成 2160 kJ 的工作。结果,持续工作只能进行 9 min,完成的总工作量为 19440 kJ;如果用同样的负荷强度,进行活动 30 s 休息 30 s 的间歇运动,就可以坚持 1 h,总工作量为 64800 kJ。而对于发展有氧代谢能力来说,总的工作量远比强度更为重要。

②对心肺机能的影响大:间歇训练是对内脏器官进行训练的一种有效手段。在间歇期内,运动器官(肌肉)能得到休息,而心血管系统和呼吸系统的活动仍处于较高水平。如果运动距离短,练习期肌肉运动引起的内脏机能的变化,都是在间歇期达到较高水平。日本学者有吉正博在对间歇训练的研究中发现,让运动员平均以 33.2 s 的成绩跑完 200 m,然后以 75 s 慢跑为间歇,在反复练习 40 次的过程中,每隔 5 次的快跑和间歇期中测量最大摄氧量、每搏摄氧量和心率的变化。结果表明,这三项指标的变化在间歇期都高于快跑期。无论在快跑期还是在间歇休息期,这样的练习安排使心脏始终保持在最佳排血量范围,呼吸和循环系统均承受了较大的负荷。因此,经常进行间歇训练,能使心血管系统得到明显的锻炼,特别是心脏工作能力以及最大摄氧能力可得到显著提高。

目前,在许多项目的训练中,大量采用了间歇训练法,其方法运用成功的关键是要根据不同年龄、训练水平及不同项目的特点,科学合理地安排每次练习的距离、强度及间歇时间。

(3)高原训练:随着运动水平的不断提高,人们在谨慎加大运动负荷的同时,着眼于提高训练难度,给予机体更强烈的刺激,以调动人体的最大潜力。高原训练就是基于这种设想逐渐开展起来的一种训练方式。在高原训练时,人们要经受高原缺氧和运动缺氧两种负荷,对身体造成的缺氧刺激比平原上更为深刻,可以大大调动身体的机能潜力,使机体产生复杂的生理效应和训练效应。研究表明,高原训练能使红细胞和血红蛋白数量及总血容量增加,并使呼吸和循环系统的工作能力增强,从而使有氧耐力得到提高。

(二)无氧耐力及其训练

1. 无氧耐力的生理基础 无氧耐力(anaerobic endurance)是指机体在供氧不足的情况下较长时间进行肌肉活动的能力。在长时间缺氧情况下,体内主要依靠糖酵解系统提供能量,因此,无氧耐力的水平主要取决于肌肉内糖酵解系统供能的能力、缓冲乳酸的能力以及脑细胞对血液 pH 值变化的耐受力。

(1)肌肉内糖酵解系统供能的能力:主要取决于肌糖原的含量及其无氧酵解酶的活性。柯斯蒂尔(CD-till)等发现,对于优秀赛跑运动员腿肌中乳酸脱氢酶活性和磷酸化酶活性,短跑运动员最高、中跑者居中、长跑者最低。这表明肌肉糖酵解系统供能的能力与无氧耐力素质密切相关(表 4-8)。

表 4-8　不同田径比赛运动员肌纤维组成及酶的活性比较

项　　目	人数/个	ST/(%)	乳酸脱氢酶活性	磷酸化酶活性
男短跑	2	24.0	1287	15.3
男中跑	7	51.9	868	8.4
男长跑	5	69.4	764	8.1
女短跑	2	27.4	1350	20.0
女中跑	7	60.0	744	12.6

(2) 缓冲乳酸的能力:肌肉糖酵解过程产生的乳酸进入血液后,将对血液 pH 值造成影响,但由于缓冲系统的缓冲作用,使血液的 pH 值不至于发生太大的变化。机体缓冲乳酸能力的强弱主要取决于血液中碳酸氢钠的含量及碳酸酐酶的活性。一些研究表明,经常进行无氧耐力训练,可以提高碳酸酐酶的活性。

(3) 脑细胞对血液 pH 值变化的耐受力:尽管机体的缓冲物质能中和一部分进入血液的乳酸,但由于进入血液的乳酸量大,血液的 pH 值还会向酸性方向发展,加上因氧供不足而导致代谢产物的堆积,都将会影响脑细胞的工作能力,促进疲劳的发展,因此,脑细胞对这些不利因素的耐受能力,也是影响无氧耐力的重要因素。经常进行无氧耐力训练的运动员,脑细胞对血液中代谢产物堆积的耐受力得到提高。

2. 无氧耐力的训练

(1) 间歇训练:间歇训练是发展无氧耐力最常用的训练方法。在作为提高无氧耐力而进行的间歇训练中,要考虑练习强度、练习时间和间歇时间的组合与匹配,要以运动中能产生高浓度的乳酸为依据。练习强度和密度较大,间歇时间较短,练习时间一般应长于 30 s,以 1～2 min 为宜。以这种练习强度和时间及间歇时间的组合,能最大限度地动用糖酵解系统供能的能力,从而有效地提高无氧耐力。下面是跑 1 min 休息 4 min 的 5 次间歇快跑后血乳酸浓度的变化图(图 4-58)。

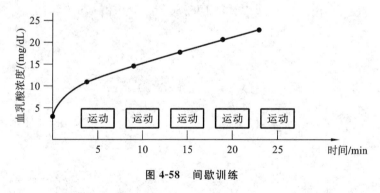

图 4-58　间歇训练

(2) 缺氧训练:在憋气或减少吸气的条件下进行练习的方法。其目的是造成体内缺氧,以提高无氧耐力。缺氧训练不仅可以在高原自然环境中进行,而且在平原特定环境条件下模拟高原训练,同样可以获得一定的训练效果,如利用低压舱(或减压舱)等。

几种常用的耐力素质练习方法有定时跑、定距跑、变速跑、重复跑、定时走、大步走、5 min 运球跑、3 min 以上跳绳或跳绳跑、30 min 以上的足球游戏(注意安全)、5 min 以上的健美操、5 min 以上的循环练习、篮球半场或全场比赛(注意安全)、连续换腿跳。平台辅助练习有小步跑、高抬腿跑、后蹬跑等。

三、提高耐力素质训练注意事项

(1) 在教学安排中,加强计划性。

(2) 必须坚持持之以恒原则,且负荷增减科学。

(3) 科学合理地安排耐力素质训练方法。

(4) 跟踪成绩,策略见效。

(5) 动作技术要求:尽可能选择高频率、小步长、重心平稳、匀速的跑法,这样能量消耗最少,持续时间最长。

(6) 辅助练习:小步跑、高抬腿跑、后蹬跑、发展下肢小肌肉练习,突出解决踝关节抗疲劳能力。

(7) 饮食方面:科学饮食,不偏食。

知识拓展
4-5

思考题
答案

思考题

1. 体能训练的意义有哪些?
2. 人体形态学测量的内容有哪些?
3. 力量训练的原则是什么?
4. 力量训练的主要手段有哪些?
5. 速度素质训练包括哪些内容?
6. 发展有氧耐力的训练方法有哪些?

实训二 评估身体素质训练任务

【技能目标】

(1) 能对自身的每一项身体功能有一个量化的了解。

(2) 找到自身身体中存在的问题。

(3) 指导相应的身体素质训练方法。

(4) 评价训练效果。

【场地及设备】

场地:实训室、操场。

设备:PT训练床、沙袋、哑铃、皮尺、角度尺、秒表以及相关单项评估需要的体育器材、设备等。

【实训方式】

(1) 由老师做示范性动作,指出评估的要点和重要性。

(2) 将学生按评估的相关内容分为分若干组,每组学生选择的评估内容相同,相关评估内容包括身体形态方面,以身高、体重作为评价指标;身体机能方面,以肺活量、心率、身体质量指数和台阶实验指数作为评价指标;运动素质方面,包括肌力评估(让学生自己选择某一组肌群)、耐力评估(可选择某一肌群的重复耐力、长时间保持的耐力和心肺耐力)、柔韧性评估(关节活动度)、单项素质评估(包括 100 m 计时跑、400 m 计时跑、跳远、立定跳远、铅球等)。

(3) 要求老师按照相关的评估项目,让每组学生明白评估的目的、意义和评估方法,确保每位学生明白怎么去评估,能完成评估任务。

(4) 要求每组学生间相互操作评估、相互监督、认真填写"身体素质评估记录"。

(5) 老师每周定期监督,随时纠正互相检查评估过程中出现的各种错误。

【实训内容与方法】

(一) 肌力评定

1. 简易徒手肌力评定 见表 4-9。

表 4-9 简易徒手肌力评定

姓名:　　　　性别:　　　　年龄:
学号:　　　　班级:　　　　评估日期:

关　节	运动功能	左(10 RM)(单位:kg)	右(10 RM)(单位:kg)
肩	前屈肌群		
	后伸肌群		
	外展肌群		
	内旋肌群		
	外旋肌群		
肘	屈肘肌群		
	伸肘肌群		
腕	背屈肌群		
	掌屈肌群		
	尺屈肌群		
	桡屈肌群		
髋	屈髋肌群		
	伸髋肌群		
	内收肌群		
	外展肌群		
	内旋肌群		
	外旋肌群		
膝	屈膝肌群		
	伸膝肌群		

续表

关　节	运动功能	左(10 RM)(单位:kg)	右(10 RM)(单位:kg)
踝	跖屈肌群		
	背屈肌群		
	内翻肌群		
	外翻肌群		
备注	在老师指导下完成每组肌群的10 RM所需要的负荷测定		

2. 注意事项

(1) 评定前:说明评定目的、步骤、方法和感受,消除学生紧张情绪;正确选择检查体位及肢体摆放位置。避免在运动后、疲劳时及饱餐后进行检查。

(2) 评定中:严格按照测量10 RM的方式进行。

(3) 评定后:如评定中有疼痛、过度疲劳或其他不舒服情况,应在结果记录中注明。

(二) 肌耐力评定

耐力是指人体进行持续活动的能力,即对抗疲劳的能力,是衡量体力和健康状况的尺度。肌耐力是肌群能够持续长时间收缩的能力,它需要充足的能量供应和正常的神经支配。

1. 肌耐力分类

(1) 静态耐力:指肌肉在较长时间的静态收缩中克服疲劳的能力。静态收缩是指虽有肌肉收缩,但不能牵动肢体运动,仅在静止状态下产生的肌肉收缩。测静态耐力主要在等长收缩状态下进行。

(2) 动态耐力:指肌肉在较长时间的动态收缩中克服疲劳的能力。动态收缩是指肌肉收缩伴有关节运动的肌收缩形式。测动态耐力主要在等张收缩状态下进行。

2. 评定方法

(1) 动态耐力的评定:指在给予一定负荷的情况下,测定肌肉反复收缩持续的时间和一定时间内收缩的次数。负荷量为测量某一肌群的10 RM所需要的重量的60%、50%、40%、30%、20%,测定停止运动前收缩的次数。前后比较,如果训练一段时间后,测定的10 RM所需要的重量明显大于训练开始前,则可以得出运动效果明显。

(2) 静态耐力的评定:学生能持续抓握物体的时间、抗阻力下保持肌肉收缩的时间等。

3. 注意事项

(1) 进行等长收缩时应适当交谈或说话(如数数或唱歌)以免憋气。

(2) 有心脏病或心功能异常的学生在接受此测试时应监测心电图和血压。

(3) 等长收缩的结果不能用来替代等张收缩和有氧训练容量的测定。

(三) 柔韧性评估

1. 关节活动范围(rang of motion,ROM) 测定某一关节活动的范围,即远端骨所移动的度数,不是关节两骨之间所构成的夹角(表4-10)。

(1) 主动活动范围(AROM):作用于关节的肌肉随意收缩使关节运动时所通过的运动弧。

(2) 被动活动范围(PROM):外力使关节运动时所通过的运动弧。

表 4-10　简易 AROM/PROM 评定表

姓名：　　　　性别：　　　　年龄：
学号：　　　　班级：　　　　评估日期：

关　节	运　　动	左(A/P)(单位:°)	右(A/P)(单位:°)
肩	屈曲		
	伸展		
	外展		
	内旋		
	外旋		
肘	屈曲		
	伸展		
腕	掌屈		
	背伸		
	桡偏		
	尺偏		
髋	屈曲		
	伸展		
	内收		
	外展		
	内旋		
	外旋		
膝	屈曲		
	伸展		
踝	跖屈		
	背屈		
	内翻		
	外翻		
备注	在老师指导下完成		

2. 设备与用具　通用量角器(图 4-59)、电子量角器、指关节测量器。

3. 操作方法与步骤

(1) 量角器的选择:根据关节的大小选择适当尺寸的通用量角器,一般量角器分为大、中、小号。肩关节、髋关节、膝关节一般选择大号量角器;肘关节、腕关节、踝关节一

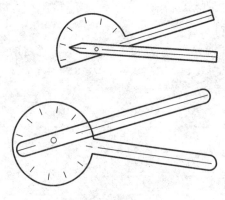

图 4-59 通用量角器

般选择中号量角器;小号量角器一般用来测量手部的关节。

(2)固定臂、移动臂、轴心的规定:固定臂是指在测量关节活动时,量角器的一端和相应的关节活动相对固定的一端平行或垂直;移动臂是指在测量关节活动时,量角器的一端和相应的关节活动相对运动的一端平行;轴心是指量角器的轴心要固定在关节活动的中心位置。

(3)体位:按推荐体位。

(4)运动终末感:被动活动时的手感。

(四)100 m 计时跑评定

经过 4~6 周的运动训练后,测量 100 m 计时跑所需要的时间,并和训练前比较。

(五)控制体重训练

经过 4~6 周的运动训练后,测量每位学生的体重,并和训练前比较。

第五章 临床运动训练

  学习要点

1. 掌握:老年人合理运动处方的选择、功能障碍人群的运动训练。
2. 熟悉:慢性病人群的运动训练。
3. 了解:残疾人的运动训练。

第一节 老年人的运动训练

老年人参加运动训练有降低高血压的作用,能提高高密度脂蛋白水平和降低低密度脂蛋白、甘油三酯水平,参加中等强度运动的老年人,很少发生糖耐量不正常和胰岛素抵抗现象。老年人全身或腹部脂肪堆积的程度,与每天活动量的多少有关。老年人的运动习惯,可预防心脏代谢异常,使其保持充沛的体能和活力的晚年生活。但老年人在运动医学的应用中应注意三点:第一要了解老年人的生理特点;第二要制订个体化的运动训练方案;第三要坚持锻炼。

一、医学筛选和监测

60岁及以上的老年人机体内,各组织器官的功能状态有很大差异,体内常潜在许多慢性病变。据调查研究,60岁及以上的老年人中,有较多的人患高血压,不恰当的运动会加重病情。老年人在制订运动训练方案前应做医学筛选,以决定是否能参加运动,参加哪种运动合适。应监测老年运动训练者的心率、血压、体重、血糖、症状和体征。老年运动训练者应定期做医学检查和随访。

二、合理的运动处方

老年人适宜的运动方式包括有氧耐力运动、肌肉耐力和肌力训练、平衡协调运动训练,如步行、快走或慢跑间歇进行。

1. 有氧耐力运动 步行、慢跑、跳舞、骑车和游泳等运动均为有氧运动。参加这些运动有利于提高心肺功能,预防心血管代谢综合征,适于健康老年人和有心肺疾病的老年患者。老年人因年龄、性别和兴趣的差异,选择的运动方式也不同,应减少或避免参加比赛和较激烈的运动项目。在60岁及以上老年人中,只有较少的老年人可以参加游泳和骑车运动。应鼓励老年人在日常生活中活动,如园艺、旅游、家务劳动、购物等,这些体力活动的积累作用与其他运动方式结合可发挥增加能量消耗、减少脂肪沉积的作用,从而预防和改善心血管代谢综合征。根据 Spirduso 的标准,老年人的生理功能和相关的身体活动被分为五类,即体能优异、体能合格、体能独立、体能衰弱和体能依赖。我们可以此选择相应的有氧训练(表 5-1)。

表 5-1　老年人体能功能层次

体能水平	体能优异	体能合格	体能独立	体能衰弱	体能依赖
休闲活动水平/功能水平	高风险和力量型体育运动	中度的体力活动	很轻度的体力活动	轻度的家务	无或仅有一些日常生活
	老年奥林匹克运动员	耐力型体育运动	低生理需求的活动(例如打高尔夫,开车)	一些基本社会生活	需家庭或机构的护理
		大多数兴趣爱好	所有的基本社会生活	所有的日常生活	
				可能足不出户	

视频 5-1

视频 5-2

2. 肌肉耐力和肌力训练　老年人进行肌力训练,对于增强肌力、效用及增强功能性的活动是有必要的。肌力及运动功能之间的关系是复杂的,所需要的肌力的大小取决于个体的大小(手的重量,整个躯体重量),如相对于绝对肌力以及要执行的活动(平地行走或爬楼梯),要完成技巧性的运动,其功能需要达到以下要求。

(1) 参与活动的每块肌肉都需要在适合该活动的肌长度上产生力量峰值。

(2) 肌力的产生有等级性(即肌力大小变化)和时间性(肌力随时间变化不同),协同肌的肌肉运动是任务和环境导向的。

(3) 肌力要持续足够长的时间。

(4) 肌力产生并达到峰值必须要足够快以适应环境和任务的需要,如在横过马路时需加快行走速度。

视频 5-3

3. 平衡协调运动训练　以静坐生活方式为主的老年人,由于久坐,腰背和大腿后部活动少,容易发生腰背痛;由于上肢活动减少,易发生肩周炎。关节活动度训练,即上肢、下肢、肩、臀和躯干关节的屈伸活动,可以提高机体的灵活性,如针对肩部和双大腿后部肌肉的牵伸训练及针对上述关节的核心训练等。

(1) 灵活和平衡协调训练方式:包括体操、舞蹈、游戏及中国传统的运动疗法。

视频 5-4

①体操、舞蹈和游戏:为了提高协调能力和保持健康匀称的体形,可以参加适于老年人的体操和舞蹈活动,体操动作可设计不同体位,如卧位、坐位和站立位等,以适于不同健康状态的老年人。这些运动尤其适于老年女性,可提高老年人的兴趣,但运动中体位不宜变换太快,以免发生直立性低血压。

视频 5-5

②中国传统的运动疗法:如太极拳、五禽戏等,该运动动作舒展、柔和、有节律,动作与呼吸相配合,使思想集中,是调节老年人神经系统功能和肢体灵活性较理想的运动方式。老年人常合并有骨质疏松症和下肢骨关节病,所以不宜做高冲击的活动,如跳绳、跳高和举重等。

(2) 运动强度和时间:老年人健身运动不是要追求运动强度,而是依靠运动的积累作用,一般老年人健身运动要求长期坚持才能产生综合效应。推荐老年人的运动强度为以心率计算时应低于 70% 最大心率。对于保持心脏代谢健康的运动强度,可低于 50% 最大心率,以低至 35%～50% 最大心率为宜。

老年人在服用某些药物(如倍他乐克和阿替洛尔等)时,不能用心率来测定运动强度,可采用自觉运动强度分级表来判断运动强度,9～11 级即为有点感觉,这个强度适于老年人运动训练。

老年人应根据个人情况,每周运动 3～7 天,每天运动的时间为 10～60 min;采用间歇运动,即分几次完成,每天累积活动的时间为 10～60 min。每周可做两次肌力训练,将肌力训练的动作分组进行,每组的动作少、阻力低,中间休息时间长。要将灵活性和协调性运动作为准备活动的一部分,如运动前做下肢牵伸运动,可防止运动中引起腰部及腿部肌肉拉伤,也可以在步行中配合四肢协调运动的体操动作。

三、坚持经常性运动训练

老年人健身运动达到预期的关键是坚持经常性运动。据文献报道约有 50% 的老年人,在开始参加运动训练的 3～6 个月时,因不能坚持而中止运动。对于这些不同年龄的老年人,应鼓励他们参加运动训练并持之以恒。

(1) 老年人的运动方式应多样化,如有氧耐力运动、肌力训练、平衡协调运动训练,并将这些运动有机地结合起来。

(2) 老年人感觉功能减退,记忆力下降,应反复实践以掌握动作的要领,宜参加个人熟悉、有兴趣的运动项目。

(3) 老年人应学会识别过度运动的症状,运动指导者应保证老年人在运动训练中的安全,避免伤害的发生。

(4) 老年人体能低和适应能力较慢,运动进展速度要缓慢,还要延长准备和整理活动的时间。

四、老年人运动训练的方法

老年人的运动训练需要以其身体状况及关节活动度为训练选择依据,与成年人不同,力量的选择并不能以最大力量水平为依据。我们建议老年人的运动训练以提高关节活动度为主,发展或保持其身体柔韧性、平衡性、肌肉耐力。对于肌肉力量发展,不要超过最大力量的 60%。可选择的综合训练如下。

1. 仰卧下肢关节运动 动作姿势:仰卧位,保持骨盆中立位。动作要领:双手协助一条腿进行屈髋屈膝运动,双手将大腿拉向身体部分(图 5-1)。

【注意】 运动中先通过下肢主动运动使下肢完成屈髋屈膝运动,再通过手臂协助完成动作。

【变化】 上肢协助下肢关节活动度类的训练是帮助老年人提高关节活动度的一种训练方法。可选择坐位或靠墙站立位等体位进行。

2. 坐姿下肢伸展运动 动作姿势:坐姿,双腿伸直。动作要领:身体慢慢向前屈曲,双手靠近足踝部(图 5-2)。

【注意】 运动中身体应缓慢向前,减少弹震运动,柔韧性较差者可垫高臀部。

图 5-1 仰卧下肢关节运动

图 5-2 双侧股后肌群伸展

【变化】 坐姿伸展运动中双腿可以根据老年人柔韧程度来选择双腿内收并拢或双腿外展打开,以增加或减轻其难度。坐姿下肢伸展运动中,躯干可以选择屈曲向下,也可以选择伸展向下来以减少或增加其难度。

3. 股四头肌肌肉牵伸 动作姿势:站姿,身体中立位。动作要领:单侧膝关节屈曲向后,足背屈放在辅助椅背上(图 5-3)。

【注意】 骨盆稳定,足背支撑位可根据老年人柔韧程度确定,尽量避免髋关节外展。

【变化】 老年人伸展股四头肌可以利用长毛巾或绳子辅助进行,以减小难度。

4. 臀部及股后肌肉强化 动作姿势:仰卧位,屈髋屈膝 90°,双脚距同臀距。动作要领:双手掌心向下以辅助支撑,臀部抬起至肩、髋、膝成一条直线(图 5-4)。

图 5-3 股四头肌肌肉伸展

图 5-4 臀部及股后肌肉强化

【注意】 臀部缓慢上抬过程中应注意控制腰椎,防止过伸,姿势保持阶段骨盆应保持中立位。髋(髂前上棘)、膝(髌骨)、足(第二脚趾)三点一线。

【变化】 可根据老年人身体柔韧程度选择双脚间距减小或增加,使其在髋内收还是外展的状态下进行,以增加或减轻难度。

5. 双侧臀中肌肌肉加强 动作姿势:仰卧位,屈髋屈膝 90°,双腿并拢。动作要领:膝关节上方处捆绑弹力带,骨盆中立位或后倾位,双脚位置不变,进行髋外展运动(图 5-5)。

【注意】 运动中足背屈,足跟固定,且防止外展运动中腰曲增大使骨盆前倾。防止腰部肌肉产生代偿作用。

【变化】 可根据老年人身体情况适当增加膝关节曲度,降低动作难度,或增加弹力带磅数或圈数以适当增加难度。

6. 双侧股四头肌肌肉加强 动作姿势：坐姿，腰椎中立位。动作要领：弹力带固定于一侧，运动侧弹力带捆缚踝关节处，髋（髂前上棘）、膝（髌骨）、足（第二脚趾）三点一线，进行膝关节伸展运动（图5-6）。

图5-5 双侧臀中肌肌肉加强

图5-6 双侧股四头肌肌肉加强

【注意】 弹力带固定点尽量与膝关节运动在同一矢状面，保持足背屈，防止膝关节伸的运动中腰曲降低使骨盆后倾、髂腰肌、腘绳肌代偿。

【变化】 可将弹力带固定于不可移动的定点以增强动作稳定性，可根据老年人身体状况增加或减小弹力带负重。

7. 双侧胫前肌肌肉加强 动作姿势：坐姿，屈髋屈膝，双足距同臀距，髋（髂前上棘）、膝（髌骨）、足（第二脚趾）三点一线。动作要领：弹力带固定于一侧足部，运动侧足跟支撑，进行足背屈运动（图5-7）。

【注意】 双侧胫前肌肌肉加强运动中应固定髋、膝、足跟。

【变化】 可根据老年人身体状况，增加或减轻强力带负重，使难度提升或降低。

8. 双侧腓肠肌肌肉加强 动作姿势：坐姿，屈髋屈膝，双足距同臀距，髋（髂前上棘）、膝（髌骨）、足（第二脚趾）三点一线。动作要领：运动侧弹力带自足部前掌穿过捆缚至膝关节上方，进行提踵运动（图5-8）。

图5-7 双侧胫前肌肌肉加强

图5-8 双侧腓肠肌肌肉加强

【注意】 稳定身体其他部分，仅使运动侧足部进行提踵运动，提踵过程中使髋关节、膝关节、踝关节运动在同一矢状面。

【变化】 若运动中髋关节不适，可选择髋外展状态下进行此动作。根据老年人身体状况选择不同重力弹力带进行运动。

9. 踝关节稳定性训练 动作姿势：站姿，足下踩平衡盘。动作要领：双臂外展以辅助身体平衡，双膝微屈0°~5°，使用踝关节运动保持身体稳定(图5-9)。

【注意】 膝关节不可过伸，注意力集中以保持身体稳定。

【变化】 可通过手臂不同的位置改变身体平衡的受力，也可根据老年人身体状况通过改变膝关节屈曲的幅度以增加或减小动作的难度。

10. 骨盆稳定性训练 动作姿势：仰卧位，屈髋屈膝90°，双足并拢。动作要领：臀部抬高，进行骨盆侧旋或侧倾的运动(图5-10)。

【注意】 控制骨盆与腰椎动作分离度，尽量不改变腰椎保持的状态。

【变化】 根据不同时期的训练在安全正常范围内慢慢增大骨盆训练幅度。

11. 膝关节灵活性训练 动作姿势：单腿站立位，足下踩平衡软榻。动作要领：运动侧屈髋屈膝，取普拉提小球放于腘窝处，进行膝关节屈曲抗阻运动(图5-11)。

知识拓展
5-1

图5-9 踝关节稳定性训练　　图5-10 骨盆稳定性训练　　图5-11 膝关节灵活性训练

【注意】 运动中保持身体稳定、动作缓慢。

【变化】 可根据老年人不同状况选择不同弹力和大小的普拉提小球。

第二节　慢性病人群的运动训练

一、慢性病概述

慢性病全称是慢性非传染性疾病，不是特指某种疾病，而是对一类起病隐匿，病程长且病情迁延不愈，缺乏确切的传染性生物病因证据，病因复杂，且有些尚未完全被确认的疾病的概括性总称，包括心脑血管疾病、肿瘤、糖尿病、慢性阻塞性肺疾病、骨质疏松症、慢性肝肾疾病、慢性骨关节病等疾病，其中以肥胖、高血压、糖尿病、冠心病等最为常见。

对于慢性病的防治，首先是采取第一级预防措施，以对患者进行健康教育为主，通过调整和改变产生这些疾病的不良生活习惯如饮酒、吸烟、缺乏锻炼等,从而预防慢性病的发生、降低慢性病的患病概率。同时要注意疾病的早期发现、登记、分级管理等第二、三级预防措施。对于慢性病的治疗研究很广泛,目前首推非药物整体治疗和运动疗法。

通过对慢性病患者运动评估、处方的制订、训练与再训练,改善和消除由慢性病引起的身体功能和结构障碍,提高个体的独立生活能力和生活质量,促进患者的社会生存能力,使其早日回归社会。

二、常见慢性病的运动训练

(一)肥胖症的运动训练

随着全球经济的快速发展以及人民生活水平的不断提高,饮食结构改变,体力劳动减少,肥胖的人逐渐增加,目前肥胖已成为全球首要的健康问题,而且肥胖的发生率正在以惊人的速度增长。肥胖容易导致血脂异常、高血压、脂肪肝、糖尿病等,还会加剧动脉硬化的产生,继而可能导致脑梗死、冠心病等,引起了人们极大的重视。

一般认为体重过重就是肥胖,这是一种误解。肥胖症的正确概念是体内脂肪的过度积聚和分布异常、体重的增加,是包括遗传和环境因素在内的多种因素相互作用引起的慢性代谢性疾病。根据病因可以分为单纯性肥胖和继发性肥胖两类,单纯性肥胖最为常见,患者没有明显内分泌与代谢性疾病,但伴有脂肪与糖代谢调节障碍。本部分主要讨论单纯性肥胖的运动训练。

1. 运动训练的作用机制

(1)运动训练可使肥大的脂肪细胞变小。

(2)运动训练可降低胰岛素含量,增加其敏感性,有利于脂肪代谢。

(3)运动训练可使血脂降低,脂肪分解代谢加强。

(4)运动训练可增加能量消耗。

2. 运动训练目的　通过运动训练增加能量的代谢,使机体所需能量维持在负平衡状态,逐步达到减少脂肪、减轻体重的目的,运动训练是治疗和预防肥胖症的有效手段,也是减肥的关键。

肥胖症的运动训练的过程同时是建立良好的生活方式和习惯的过程。一个减肥运动方案一般应包含适应阶段、减肥阶段、巩固阶段三个阶段。首先要设定合理的减肥目标,即健康体重和理想体重,由减肥目的来确定减多少体重。不恰当的目标是许多人失败的原因,一旦达到确定目标后需要持续地训练以防止体重的反弹。对于多数人来说,减掉一定体重并防止反弹即可,最初的目标一般为体重的10%,每周减重不应超过1 kg(1 kg≈7500 kcal 热能),训练的同时需要控制饮食、建立良好的饮食习惯,分阶段,循序渐进。

3. 运动训练的类型和方法　制订了减肥目标后,就开始选择合适的运动类型和训练计划。一般肥胖症的运动治疗主要以中等强度、较长时间的有氧运动为主,辅以力量性运动及球类运动等。目前普遍认为,参加有节奏的动力性有氧运动,如长距离步行、骑自行车、游泳、做健身操以及进行水中运动等,有助于维持机体的能量平衡,增强耐力,提高心肺功能。有研究表明,水中运动被认为是最有前途的减肥运动,除游泳外,水中运动已经发展到水中行走、跑步、跳跃等多种形式。力量性运动主要是进行躯干和四肢大肌群的运动,可进行仰卧起坐、下蹲起立、俯卧撑等运动。球类运动可选择羽毛球、乒乓球、网球、排球、篮球等项目。

(1) 有氧运动:可以通过运动试验制订运动处方,一般运动强度取 50%~60% 最大摄氧量,或 60%~80% 最大心率。运动量的大小根据每天计划能量代谢负平衡的多少来决定。运动时间不少于 30 min,并逐渐延长至 1 h,运动频率为每周 3~4 次,或每天 1 次,根据训练者对运动的反应进行调节。

①步行:安全、简单、易于掌握,是应用最广泛的一种运动方式。可以分为快速步行、中速步行和慢速步行。每分钟步行 120~140 步为快速步行,适合于全身情况良好者;每分钟步行 100~120 步为中速步行,适合于情况一般者;每分钟步行 70~100 步为慢速步行,适合于年龄较大和体质较差者。

②慢跑:正确的慢跑方式为自然放松、使用通常习惯的步幅、全脚掌着地、逐渐加速、心率增快至靶心率并维持一定时间[运动靶心率=安静心率+安静心率×(50%~70%)],要用力吸气,均匀地呼吸。跑步训练的速度以运动 20 min 左右出汗为宜。

③骑功率车:开始设定 300 kg/(m·min),每次增加 150 kg/(m·min),逐渐达到预期心率后,再持续 4~6 min。

④登山:登山运动耗氧量较大,体能消耗多,但利于减肥,根据自身体能状况,以心率是否达到最高极限而定,锻炼时间共 30 min 以上,有条件者每天进行 1~2 次。

(2) 力量性运动:可以进行躯干肌群和四肢大肌群的运动,进行仰卧起坐、下蹲起立及俯卧撑等运动,也可以使用运动器械,如哑铃、拉力器等进行训练。运动时的肌肉力量为最大肌力的 60%~80%,反复运动 30 次,每隔 2~3 周加大运动量。

(3) 球类运动:通过球类运动来锻炼肌力、持续地消耗能量,从而达到减肥的效果。每次运动不少于 30 min,可选择如羽毛球、网球、篮球、足球等项目。

(二) 高血压的运动训练

高血压是心血管、脑血管和肾血管疾病的主要危险因素。运动疗法作为高血压全面治疗的一部分,可以显著地增加肌肉力量和体积以及发挥慢性病防治作用,现已经被大多数研究人员认可。运动处方制订、使用的正确及合理化,涉及不同的运动效果,对于高血压患者和普通大众,合理科学地安排运动和锻炼都十分必要。根据人群和运动目的不同,可以制订出多种不同处方。

1. 运动训练的作用机制

(1) 运动训练可降低交感神经兴奋性。

(2) 运动训练可作用于大脑皮质和皮质下血管运动中枢,重新调整人体的血压控制水平,使血压稳定在正常的水平。

(3) 运动训练时活动肌群内的血管扩张,毛细血管的密度或数量增多,总外周阻力降低,从而有助于降低血压,尤其是舒张压。

(4) 运动训练可以提高尿钠的排泄量,相对降低血容量,从而降低过高的血压。

(5) 运动训练可以通过促进体内脂质的消耗,而有利于血管硬化过程的控制和延缓,从而降低外周血管阻力。

(6) 运动训练有助于改善患者的情绪,从而有利于减轻血管应激水平,以降低血压。

2. 运动训练的目的　通过运动训练有效地协助降低血压、提高日常活动能力和生活质量。

3. 运动训练的类型和方法　目前有关高血压的运动形式的研究重点主要在有氧运动与抗阻训练两种运动形式上。

（1）有氧运动：指运动强度相对较低、持续时间较长、大肌群参加的，以有氧代谢为主要代谢形式的运动，这种运动往往是全身性的，以提高人体心肺功能为主要目的。适当地进行有氧运动可增加体能并在心血管疾病的防治上具有重要意义。可以选择步行、骑车、游泳、慢节奏交谊舞等，强度一般为50%～70%最大靶心率，或40%～60%最大摄氧量，停止活动后心率应在3～5 min内恢复正常。步行速度一般为50～80 m/min，不超过100 m/min，每次锻炼30～40 min，其间可以穿插休息或做医疗体操。50岁及以上者活动时的心率一般不超过120次/分。

（2）抗阻训练：通常指身体克服阻力以达到肌肉增长和力量增加的过程。抗阻训练作为全身锻炼的一部分，可以显著增加肌肉力量和体积，还可以提高肌肉耐力及协调性，通过调整动作重复次数和负荷阻力来调整运动强度，发挥慢性病防治作用。近年来的研究显示，在一定范围内，中小强度的抗阻运动可产生良好的降压作用，而且并不引起血压升高。国外有研究报道称，采用15 RM的运动强度对65～73岁的高血压老年患者进行了6个月的器械抗阻训练，使训练者的血压转为正常。国内关于抗阻训练的研究报道比较局限，多数研究是观察静力性收缩训练对血压的影响，而动力性肌肉抗阻练习的研究较少。

目前运动医学界权威机构认定的有关高血压的运动处方内容中未推荐抗阻训练作为首选运动形式。

（三）糖尿病的运动训练

糖尿病已经成为全球第三大威胁人类健康的慢性病，全球的糖尿病患病率呈逐年上升趋势，据有关部门预测，到2025年全球糖尿病患者将剧增至3亿人。运动、饮食控制、胰岛素的应用是目前治疗糖尿病的三个主要治疗方案。目前已经证实运动不足是2型糖尿病的独立危险因素之一，同时又可能会引发代谢综合征。世界卫生组织于1999年11月告诫世界各国警惕糖尿病的流行，并推荐运动疗法作为糖尿病治疗最基础的方法。

1. 运动训练的作用机制

（1）通过运动训练提高胰岛素的敏感性，改善血糖和脂代谢紊乱，减轻体重。

（2）通过运动训练加强心血管系统的功能，增强体质，增加抵抗力。

（3）改善血糖的控制并减少降糖药物的用量，减少慢性并发症的发生。

（4）减轻患者精神紧张及焦虑，消除抑郁状态，增强信心，从而提高工作能力和生活质量。

2. 运动训练的目的　通过运动训练协助控制患者的血糖，减少并发症的发生，提高其日常生活能力和生活质量。

3. 运动训练的类型和方法　运动量由运动强度、时间和频率三个因素决定，运动处方必须体现适量、经常性和个性化的原则。糖尿病康复中需要对运动的方式作出正确的选择,目前普遍采用的运动疗法以有氧运动为主,也包括力量训练。

(1) 1型糖尿病:运动训练的目的是维持运动能力,促进健康,改善生活质量。运动的种类和强度可根据1型糖尿病患者的年龄、病情、兴趣爱好和运动能力而确定,如选择步行、慢跑、踢球、游泳、跳舞等均可。开始时运动强度以最高心率的50%~60%为宜,运动时间从20 min开始,逐渐延长,每周运动3~4次,随着运动能力的提高,可逐渐增加运动时间和运动频率。注意:1型糖尿病患者需要在血糖得到较好的控制后,在医师指导下实施运动训练。每次运动应适度,不要过度劳累,以免起反作用。

(2) 2型糖尿病:通过运动训练可以改善糖代谢异常,明显降低2型糖尿病的发病率,能有效治疗2型糖尿病和预防糖尿病并发症的出现。运动总量控制在每天3~6个运动单位。运动类型以有氧运动为主,如散步、慢跑、骑自行车、体操、跳舞等。鼓励在有氧运动的同时加入适量的肌肉力量训练的内容,但不要加重心血管和骨关节系统的负荷,保证运动的安全性。建议餐后30 min至1 h后运动为宜,运动持续时间可以从10 min开始,逐步延长至30~40 min,有必要的间歇时间,达到靶心率的累积时间一般以20~30 min为佳。运动的强度通常可以选择相当于50%~60%最大摄氧量,或以70%~80%最高心率为运动中的靶心率。运动频率控制在每周3~4次较为合理,可根据每次运动的运动量大小而定。

运动治疗不应只强调运动的益处,而且要注意和避免运动可能引起的危险,所有糖尿病患者在运动之前应做相应的检查。

(四) 冠心病的运动训练

冠心病康复是指综合采用医学及相关学科手段,通过训练与再训练,帮助心血管疾病患者缓解症状,改善心血管功能,在生理、心理、社会、职业和娱乐方面都达到理想状态,提高生存质量。冠心病的康复分为三期:住院期康复(Ⅰ期)、出院后康复(Ⅱ期)、慢性冠心病或慢性期康复(Ⅲ期)。运动训练是冠心病康复方案的主体。

1. 运动训练的作用机制

(1) 运动训练:主要产生周围训练效益,使骨骼肌线粒体增加,氧化酶活性提高,肌肉氧的利用率增加,最大摄氧量和体力工作能力增加。

(2) 对冠状动脉结构和功能的影响:运动训练使近端冠状动脉增粗,提高冠状动脉的扩张能力,增加冠状动脉及侧支循环血流,使缺血心肌的供血得到改善,提高心绞痛阈值,运动训练还可在一定程度上预防介入术后再狭窄的发生。

(3) 其他作用:如降血压、防治糖尿病;改善脂肪代谢,降低体重;降低死亡率和心血管疾病的再发率;减少卧床并发症和疾病引起的不良心理反应。

2. 运动训练的目的

(1) Ⅰ期康复目的:通过适当活动,减少绝对卧床休息带来的不利影响。

(2) Ⅱ期康复目的:保持适当的体力活动,逐步适应家庭活动,等待病情完全稳定,准备参加第Ⅲ期康复锻炼。

(3) Ⅲ期康复目的:巩固Ⅱ期康复成果,控制危险因素,改善或提高体力活动能力和心血管功能,恢复发病前的生活和工作。

3. 运动训练的类型和方法

(1) Ⅰ期康复运动训练方案：以循序渐进地增加活动量为原则，生命体征一旦稳定，无并发症时即可开始。此期可选择的训练方案包括床上活动、呼吸训练、坐位训练、步行训练、上下楼等。表5-2列举的康复方案是国内外经验综合的结果，可以作为参考。患者在训练过程中没有不良反应出现，运动心率增加小于10次/分，次日训练可进入下一阶段。运动中心率增加在20次/分左右，则需要继续同一级别的运动。心率增加超过20次/分或出现任何不良反应，则应该退回到前一阶段运动，甚至暂停运动训练。

表 5-2　Ⅰ期康复运动训练方案

活动	步骤						
	1	2	3	4	5	6	7
冠心病知识宣教	+	+	+	+	+	+	+
腹式呼吸	10 min	20 min	30 min	30 min×2次			
腕踝动(不抗阻)	10次	20次	30次	—			
腕踝动(抗阻)	—	10次	20次	30次×2	30次×2		
膝肘动(不抗阻)	—	—	10次	30次	30次	30次×2	30次×2
膝肘动(抗阻)	—	—	—	20次	20次	30次	30次
自己进食	—	—	帮助	10次	独立	独立	独立
自己洗漱	—	—	帮助	独立	独立	独立	独立
坐厕	—	—	帮助	帮助	独立	独立	—
床上靠坐	5 min	10 min	20 min	帮助	30 min×2次	—	—
床上不靠坐	—	5 min	10 min	30 min	30 min	30 min×2次	30 min×2次
床边坐(有依靠)	—	—	5 min	20 min	20 min	30 min	30 min
床边坐(无依靠)	—	—	—	10 min	10 min	20 min	
站(有依托)	—	—	5 min	5 min	10 min	30 min	30 min
站(无依托)	—	—	—	10 min			
床边行走	—	—	—	5 min	10 min	20 min	20 min
走廊行走	—	—	—	5 min	5 min	10 min	2次
下一层楼	—	—	—	—	—	1次	1~2次
上一层楼	—	—	—	—	—	—	—

(2) Ⅱ期康复、可以逐步恢复一般日常生活活动能力，运动能力达到4~6 METs。治疗方法可以选择室内外散步、医疗体操、气功、家庭卫生、厨房活动、园艺活动或在邻近区域购物、作业治疗等(表5-3)。

表 5-3　Ⅱ期康复运动训练方案

活动内容	第1周	第2周	第3周	第4周
门诊宣教	1次	1次	1次	1次
散步	15 min	20 min	30 min	30 min×2次
厨房工作	5 min	10 min	10 min×2次	10 min×3次
看书或电视	15 min×2次	20 min×2次	30 min×2次	30 min×3次
降压舒心操	保健按摩学习	保健按摩×1次	保健按摩×2次	保健按摩×2次
缓慢上下楼	1层×2次	2层×2次	3层×1次	3层×2次

一般活动无须进行医务监测,但进行较大强度活动时可采用心电图监护系统监测,或由有经验的康复治疗人员观察数次治疗过程,以保证安全性。无并发症的患者在家属帮助下逐步过渡到无监护活动。注意活动期间不可有气喘和疲劳,禁止过度用力。家庭活动方案按以下几个阶段进行。

第一阶段:①活动:缓慢上下楼,但避免任何疲劳。②个人卫生:自己洗澡,避免过冷、过热的环境。③家务:洗碗筷、洗蔬菜、铺床,提 2 kg 左右的重物,短时间园艺工作。④娱乐:打牌、下棋、阅读、针织、短时间乘车等。⑤需要避免的情况:提举超过 2 kg 的物品、弯腰过度、情绪沮丧、过度兴奋和应激。

第二阶段:①个人卫生:独立外出理发。②家务活动:可以洗小件衣服或使用洗衣机、晾衣服、擦桌子、梳头、简单烹饪、提 4 kg 左右的重物。③娱乐活动:可以进行有轻微体力消耗的娱乐。④性生活:在可以上下两层楼或可以步行 1 km 而无任何不适时,患者可以恢复性生活,但是要注意采取相对比较放松的方式。⑤需要避免的活动:长时间活动、高温环境中活动、提举超过 4 kg 的重物、参与涉及经济或法律问题的活动。

第三阶段:①家务活动:可以长时间熨烫衣物、铺床、提 4.5 kg 左右的重物。②娱乐活动:轻度园艺工作,在家练习桌球、室内游泳(放松性)、乘坐短距离公共交通、短距离开车、探亲访友。③步行活动:连续步行 1 km,每次 10~15 min,每天 1~2 次。④需要避免的活动:提举过重的物品、活动时间过长。

第四阶段:①家务活动:可以与他人一起外出购物、正常烹饪、提 5 kg 左右的重物。②娱乐活动:小型油画制作或木工制作、家庭小修理、室外打扫。③步行活动:每次连续步行 20~25 min,每天 2 次。④需要避免的活动:提举过重的物体,使用电动工具如电钻、电锯等。

第五阶段:①家务活动:可以独立外出购物、短时间吸尘或拖地、提 5.5 kg 左右的重物。②娱乐活动:可以进行家庭修理性活动、钓鱼、打保龄球类活动。③步行活动:每次连续步行 25~30 min,每天 2 次。④需要避免的活动:包括提举过重的物体、过强的等长收缩运动。

第六阶段:①家务活动:清洗浴缸、窗户,可以提 9 kg 左右的重物。②娱乐活动:慢节奏地跳舞、外出野餐、看电影。③步行活动:日常生活活动,每次 30 min,每天 2 次。④需要避免的活动:剧烈运动如举重、开大卡车、攀高、重体力活动,以及竞技性活动,如各种体育比赛。

(3) Ⅲ期康复运动方式:包括有氧训练、力量训练、柔韧性训练、作业训练、医疗体操、气功等。运动形式可分为以下两种。

①间断性运动:基本训练期有若干次高峰强度,高峰强度之间强度降低。

②连续性运动:训练期的靶强度持续不变,运动量要达到一定的阈值才能产生训练效应。每周的总运动消耗量在 700～2000 cal,运动总量无明显性别差异。合适运动量的标志为运动时稍出汗,轻度呼吸加快但不影响对话,早晨起床时感舒适,无持续的疲劳感和其他不适感。运动训练的靶强度一般为 40%～85% 最大摄氧量或 70%～85% 最大心率;靶强度运动一般持续 10～60 min,频率以每周 3～5 天为宜。

知识拓展 5-2

第三节　功能障碍人群的运动训练

残疾是指由于各种躯体、身心、精神疾病或损伤,以及先天性异常所致的人体解剖结构、生理功能的异常和(或)丧失,造成长期、持续或永久性的功能障碍状态。这些功能障碍不同程度地影响到患者的身体活动、日常生活、工作、学习以及社会交往活动能力。

根据我国残疾分类标准,残疾包括视力残疾、听力语言残疾、智力残疾、肢体残疾和精神残疾。本节所提及的功能障碍主要是指肢体残疾,重点介绍截肢、偏瘫、截瘫和脊柱畸形这几类功能障碍的运动训练方法。

一、截肢的运动训练

截肢是指截除没有生机和(或)功能及因局部疾病严重威胁生命的肢体。通常截肢会给患者造成巨大的伤害,同时对患者的日常生活、工作、学习、社会参与带来极大的困难。截肢后及时安装合适的假肢非常重要,理想的假肢能够最大程度地发挥代偿功能,让患者能够更好地生活自理、参与合适的工作、回归社会,对提高截肢患者的生活质量以及自信心具有非常重要的现实意义。

目前截肢的主要原因包括糖尿病截肢、外伤性截肢、神经性疾病截肢、肿瘤截肢以及感染性截肢,其中以糖尿病引起的截肢为主,几乎占所有截肢原因的一半。

截肢的临床表现为肢体缺失、幻肢疼痛、残端的疼痛与肿胀、感染、瘢痕,也可伴随全身功能减退造成的身体功能障碍以及日常生活活动能力(ADL)不足。截肢的另一表现为心理障碍,患者表现为极度的自卑、痛苦、焦虑甚至对生活失去信心。

截肢患者需要进行系统的评定,包括全身状况、残肢(外形、关节活动度、肌力、疼痛等)、假肢、ADL 等方面的评定,然后通过评定确定具体的治疗方案。

(一)全身运动训练

就截肢患者而言,截肢后关节周围甚至全身的肌力、关节活动度、平衡、协调等功能都会有不同程度的影响,行走时的能量消耗比正常人更多,截肢的水平越高,能量消耗就越大。截肢患者需要提高身体的体质,可选择适合患者的运动项目,如轮椅篮球和乒乓球、上肢抗阻肌力训练、腰背肌力量训练、简单的医疗体操等。

(二)残肢训练

残肢训练包括关节活动度训练、残肢肌力训练、残肢皮肤强度训练、助行器训练和步行功能训练等。

1. 关节活动度训练 可以有效防止关节挛缩,而且越早越好。如上肢截肢患者进行早期的肩关节活动度训练;大腿截肢患者强调髋关节的内收和伸展训练,预防屈曲、外展畸形。进行关节活动度训练时主被动相结合,以主动为主,被动为辅。

2. 残肢肌力训练 充分训练残肢的肌力,才能更好地控制假肢。如小腿截肢后股四头肌的训练很重要,可以抗阻训练伸膝和屈膝,同时训练小腿残留的肌肉力量,避免相关肌肉的萎缩。

3. 残肢皮肤强度训练 可以通过按摩的方法,对残端皮肤进行承重训练,强化皮肤的功能。

4. 助行器训练 如使用拐杖时身体易前倾,所以姿势矫正非常重要。

5. 步行功能训练 如单腿站立负重训练、利用助行器进行步行训练,对尽早地离床和增强体力有帮助。

(三)穿戴临时假肢训练

(1)首先需要教会患者掌握正确的假肢穿戴方法,要求残肢和接受腔全面接触,避免残肢末端局部负压,造成残肢端的红肿、疼痛及破溃。

(2)站立平衡训练:可在平衡杠内训练站立平衡,从双侧逐步过渡到单侧负重,从健侧负重开始过渡到假肢侧单腿站立,假肢侧单腿站立要求保持5~10 s。

(3)迈步训练:在平衡杠内进行,逐步减小双足的支撑面积至10 cm² 左右,从假肢侧的迈步过渡到健侧的迈步训练。

(4)步行训练:从平衡杠内的辅助步行训练开始,逐步过渡到平衡杠外,从双手过渡到单手,逐步到独立完成步行,也可以借助助行器进行训练,如拐杖。

(四)穿戴正式假肢训练

1. 穿戴条件 残肢成熟定型是基本条件。经过临时假肢的训练,残肢弹力绷带的缠绕,残肢没有肿胀和不适,残肢无肌肉萎缩,连续两周以上残肢没有变化,接受腔良好。

2. 穿戴上肢假肢训练 穿戴上肢假肢训练比穿戴下肢假肢的训练更为复杂和困难,从训练截肢者熟悉假肢和假肢的控制系统开始,然后训练手部开闭动作和抓握训练。单侧上肢截肢的患者,首先进行利手交换的训练,即原先不是利手的健肢需要变成功能性更强的利手,假手起辅助手的作用。双侧上肢截肢者的训练更为复杂和困难,根据为截肢者选取的手部装置,进行具体的针对性训练。

3. 穿戴下肢假肢训练 穿戴下肢假肢的训练不能急于求成,平衡训练非常重要,冠状面的平衡较矢状面更难掌握。可以让截肢者面对镜子观看自己的行走步态,起视觉反馈的作用,可以帮助其纠正各种异常的步态,还可以在不同的路面上行走,加大步行的难度,比如石子路、沙土路、门槛、上下阶梯等,通过加大训练的难度,可增加患者的灵活性、应激性等。

二、偏瘫的运动训练

偏瘫又称半身不遂,是一侧的上下肢、面肌和舌肌下部的运动障碍。按照偏瘫的程度,可分为轻瘫、不完全性瘫痪和全瘫。偏瘫常发生于脑血管意外、脑外伤和脑手术后。在其治疗中,除急性期的对症处理外,运动功能训练是主要的手段。

偏瘫的运动训练是根据疾病特点和患者功能情况,借助治疗器械或治疗者的手法操作以及患者自身参与,通过主动和或被动的方式来改善人体局部或整体的功能,提高身体素质以满足日常生活需求的一种治疗方法。可以利用偏瘫患者的功能障碍特点,根据神经生理学和发育学原理来促进中枢神经系统的功能康复,一般包括 Bobath 技术、Rood 技术、PNF 技术、Brunnstrom 技术等。运动疗法是偏瘫康复的基本手段之一。

视频 5-6

（一）Bobath 技术

Bobath 技术又称神经发育治疗技术,由英国的物理治疗师 Berta Bobath 和她的丈夫神经学家 Karel Bobath 在 20 世纪 40 年代共同创立。Bobath 技术主张按照正常人体发育的顺序,通过利用正常的自发性姿势反射和平衡反应来调节肌张力,诱发正常的运动反应。患者需先学习并掌握基本的姿势与运动模式,然后逐渐转变为日常生活中复杂的功能性、技巧性动作。技巧性动作以姿势控制、调正反应、平衡反应及其他保护性反应,以及伸手、抓握与放松等基本动作模式为基础。因此,Bobath 技术对促进患者的主动运动,增加动作难度,克服痉挛,降低肌张力,预防畸形,以及进行较为复杂的运动等有明显的实用价值。其基本技术与治疗手法有控制关键点,反射性抑制,调正反应,平衡反应,感觉刺激等。

（二）Rood 技术

Rood 技术又称多种感觉刺激技术,由物理治疗师和作业治疗师 Margaret Rood 创立,其基本理论包括以下三个部分。

（1）适当的感觉刺激可保持正常肌张力,并能诱发所需要的肌肉反应。

（2）感觉性运动控制建立在发育的基础之上,并逐渐发展起来。

（3）完成的动作要有目的,利用患者对动作的有目的反应,诱导出皮下中枢的动作模式。

视频 5-7

视频 5-8

其基本技术与手法如下。

（1）利用感觉刺激来诱发肌肉反应。

（2）应用个体发育规律促进运动的控制能力。

（三）神经肌肉本体促进技术（PNF 技术）

该技术是由美国内科医生和神经生理学家 Herman Kabat 在 20 世纪 40 年代创立,其理论基础以正常的运动模式和运动发展为基础,强调整体而不是单一肌肉的活动,其特征是肢体和躯干的螺旋形和对角线主动、被动、抗阻力运动,类似于日常生活中的功能活动,并主张通过手的接触、语言命令、视觉引导来影响运动模式。PNF 技术最常用的技术为对角线模式。

视频 5-9

视频 5-10

（四）Brunnstrom 技术

该技术由瑞典物理治疗师 Signe Brunnstrom 创立,目前是偏瘫康复最常用的治疗方法之一,是脑损伤后恢复过程中的任何时期均可利用的运动模式。强调整个恢复过程中逐渐向正常、复杂的运动模式发展,从而达到中枢神经系统重新组合,而肢体的共同运动和其他异常的运动模式是偏瘫患者在恢复正常自主运动之前必须经过一个过

· 121 ·

程。因此,主张在恢复早期利用这些异常的模式来帮助患者控制肢体的共同运动,达到最终能自己进行独立运动的目的。Brunnstrom 技术最基本的治疗方法是早期充分利用一切方法引起肢体的主动反应,并利用各种运动模式,如共同运动、联合反应,再从异常模式中引导、分离出正常运动成分,最终脱离异常运动模式,逐渐向正常功能性模式过渡。Brunnstrom 把偏瘫患者肢体恢复分为 6 期,由于各期存在问题不同,因此治疗重点也不同。

三、截瘫的运动训练

视频 5-11

截瘫指脊髓胸、腰或骶段的损伤,导致躯干、骨盆脏器及下肢运动和感觉功能损害或丧失。截瘫包括马尾和圆锥的损伤,但不包括腰骶丛病变或椎管外周围神经的损伤。脊髓损伤后一旦生命体征稳定,即可开始早期康复介入。

（一）早期运动训练

早期运动训练包括关节活动度训练、直立适应性训练等。

视频 5-12

1. 关节活动度训练　生命体征稳定之后就应立即开始全身各关节的被动运动,1～2 次/天,每个关节在各轴向运动若干次即可,避免关节挛缩。

2. 直立适应性训练　逐步从卧位转向半坐卧位或坐位,倾斜度每天逐渐增加,以无头晕等低血压不适症状为度,循序渐进,其中直立床训练是常用的方法。

视频 5-13

（二）恢复期运动训练

一旦患者生命体征稳定、骨折部位稳定、神经损害或压迫症状稳定、呼吸平稳后即可进入恢复期治疗。

1. 肌力训练　肌力达到 2～3 级,重视锻炼肩带肌力和腰背肌力的训练。步行训练的基础是腹肌、髂腰肌、腰背肌、股四头肌、内收肌、臀肌等训练。

视频 5-14

2. 肌肉与关节的牵张　包括腘绳肌牵张、内收肌牵张和跟腱牵张,是康复治疗过程中必须始终进行的项目。

3. 坐位平衡训练　正确的独立坐位是进行转移、轮椅和步行训练的前提,其中床上坐位分为长坐位和短坐位。

视频 5-15

4. 转移训练　包括独立转移训练和辅助下转移训练。

5. 步行训练　完全性脊髓损伤患者步行的基本条件是上肢有足够的支撑力和控制力。如果要有实用的步行能力,则神经损伤平面一般在腰或者以下水平,对于不完全性损伤者,则要根据残留肌力的情况确定步行的预后。

视频 5-16

四、脊柱畸形的运动训练

脊柱的冠状位、矢状位或轴向位偏离正常位置,发生形态上异常的表现,称为脊柱畸形。脊柱畸形根据位置可以分为颈椎畸形、胸椎畸形和腰椎畸形。根据形态学可以分为前凸畸形、侧凸畸形和后凸畸形,脊柱侧凸根据弯曲的个数常分为 C 形侧凸和 S 形侧凸。

视频 5-17

脊柱畸形如果不及时发现与处理,部分患者的畸形会逐渐加重,形成严重的畸形,从而影响身体的外观,造成运动功能障碍,形成异常的步态,还可造成心肺功能障碍甚至造成脊髓受压而导致下肢瘫痪及排便功能障碍,给患者带来严重的心理压力,影响到其生活质量。因此,早期的诊断、治疗与康复极为重要。

通过对脊柱畸形的患者进行全面的评定,包括 Cobb 角的测量,脊柱旋转的测量,柔软度、骨成熟度的测量,以及预后的判断,为脊柱畸形的患者选择合适的治疗方法。本节主要讲述脊柱侧凸的运动训练方法。

通常治疗方法的选择需要根据患者的年龄、侧凸的程度以及脊柱侧凸的进展情况选择和及时调整矫治方案,根据脊柱侧凸 Cobb 角的大小选择合适的治疗方法。

（一）脊柱侧凸小于 10°

注意日常活动中的姿势治疗,配合矫正体操。具体方法:通常可在卧位进行,以利于消除脊柱的纵向重力负荷。脊柱处于不同斜度时,脊柱的侧屈运动可集中于所需治疗的节段,即选用特定姿势练习矫正特定部位的脊柱侧凸。如膝胸位、肘胸位和腕膝位相对应的集中点分别为 T3、T6、T8 附近,在上述体位、姿势下,就可利用肩带、骨盆的运动进行矫正动作。如抬举左上肢可使胸椎左凸,以矫正胸椎右侧凸。做矫正体操时要求:每一动作历时 2～3 min,重复 10～30 次或更多,直至肌肉疲劳,甚至可用沙袋增加负荷以增强效果。

（二）脊柱侧凸 10°～20°

除上述方法外,可以配合侧方体表电刺激,并密切注意脊柱侧凸的进展情况,2～3 个月复查一次。若有发展倾向,可及时佩戴支具矫形器。

（三）脊柱侧凸大于 20°

以佩戴支具矫形器作为主要矫治方法。

（四）脊柱侧凸大于 45°或侧凸伴有旋转畸形严重者

建议选择手术治疗,手术治疗前后仍需要配合合适的矫正体操和姿势治疗,以增强和巩固手术的效果。

知识拓展 5-3

思考题答案

思考题

1. 适宜老年人的运动方式有哪些?
2. 老年人如何管理运动强度和训练时间?
3. 简述肥胖症的运动训练的类型和方法。
4. 糖尿病患者运动训练的作用机制和目的是什么?
5. 截肢患者的运动治疗方案有哪些?
6. 简述偏瘫患者的运动训练技术。

第六章 运动医务监督

1. 掌握：康复训练中体格检查的方法。
2. 熟悉：竞技运动的分类；科学运动训练对伤病的影响。
3. 了解：竞技运动的竞赛与欣赏；运动员伤病的预防和治疗。

第一节 运动医务监督

一、竞技运动

"竞技运动"一词是国际公用的，源于娱乐、游戏活动，其原本含义是离开工作去做一些轻松愉快的身体活动，以转移注意力，并为之高兴。随着社会的发展，现代竞技运动虽然还保留着娱乐和游戏因素，但是其主旨在于强调竞争和竞赛的含义。

竞技运动能够充分地挖掘和体现人的本质能力，具有生物学、心理学、社会学及教育学的多种功能，特别是在社会生活和国际交往中，越来越显示出重要影响和特殊作用，因而受到了各国人民的广泛喜爱和各国政府的大力支持。

二、运动竞赛中的医务监督

（一）自我监督

自我监督是指参加者（包括运动员）采取简单易行的医学检查方法，对自己的健康状况和身体反应进行观察。自我监督是医学观察的重要内容之一，也是掌握运动量、科学地安排体育运动的重要依据，对预防伤病、提高运动成绩有重要意义。自我监督的内容包括主观感受和客观检查。

1. 主观感受

（1）运动心情：正常时运动员精神饱满，体力充沛，渴望训练。如健康状况不佳或过度训练时，即出现心情不佳、厌烦训练的现象，尤其惧怕参加紧张训练和比赛。根据专项不同，运动员还可能出现一些特殊心情。如游泳运动员怕水，田径运动员怕跑道，球类运动员怕球等。在自我监督表中，运动员可填写渴望训练、厌烦训练、怕水、怕球等。

(2) 自我感觉：正常时自我感觉良好，身体无不适感觉。如果在运动中或运动后出现异于寻常的疲劳，感到恶心甚至呕吐、头晕，以及身体某些部位感觉疼痛，说明体力不佳或身体出现了问题。在自我监督表中，可填写不良感觉。

(3) 睡眠：良好的睡眠状态是入睡快，醒后精力充沛。如入睡迟、夜间易醒、失眠、醒后仍感觉疲劳，表明睡眠失常。在自我监督表中，运动员可填写良好、一般、入睡迟、夜间易醒、失眠等。

(4) 食欲：参加体育运动时能量消耗大，所以运动后食欲良好，想进食，食量大。如果运动后不想进食，食量减小，并在一定时间内不能恢复食欲，表明胃肠消化和吸收能力下降，可能与运动量安排不合适、运动员身体功能和健康状况不良有关。在自我监督表中，运动员可填写食欲良好、食量大、食欲一般或不佳。

(5) 排汗量：运动时排汗量的多少与运动量大小、训练程度、饮水量、气温、气候、衣着厚薄，以及神经系统状态有密切关系。在外界条件相同的情况下，未经训练者的排汗量少，随着训练量增加，排汗量可增加。如果在相同情况下，排汗量比过去明显增多，特别是夜间睡眠中出现大量冷汗，表明身体极度疲劳，也可能是内脏器官罹患某种疾病的征兆，应加以注意。在自我监督表中，运动员可填写排汗量一般、较多或明显增多、夜间出冷汗等。

2. 客观检查

(1) 脉搏：测脉搏时应注意节律，测晨脉对了解身体功能变化有重要意义。在训练期间，若每分钟晨脉比过去减少或无明显改变，节律齐，表明运动员身体功能反应良好，有潜力。若每分钟晨脉比过去多12次以上，表明功能反应不良，可能与疲劳未消除或身体疾病有关。如果晨脉数比过去增加明显，且长期不恢复原数，可能是早期过度训练的表现，应进一步检查。

运动员的晨脉状况与自我感觉有一定关系，当晨脉每分钟增加6次时，20%的人自我感觉不良；每分钟增加12次时，40%的人自我感觉不良；每分钟增加18次时，60%的人自我感觉不良。如果发现脉搏节律不齐或停跳现象，可能是心脏功能异常的征象，应采用心电图等做进一步检查。对运动员的脉搏，通常以30 s为计数单位，但要分别记下每10 s的数值。

(2) 体重：在训练时期，体重出现进行性下降现象，并伴有其他异常现象（睡眠失常、情绪恶化等）时，可能为早期过度训练或身体有慢性消耗性病变（肺结核、营养不良等）的表现。儿童少年的体重如长期不增长，甚至下降，是健康状况不良的表现，应查明原因。

(3) 运动成绩：运动成绩长期不提高或下降，可能是身体功能状况不良的反应，也可能是早期过度训练的表现。在客观指标中，除上述几种外，还可根据设备条件和专项特点，定期测握力、肺活量、自我感觉、呼吸频率，以及其他的生理指标。

自我监督表中填写的内容，如食欲、睡眠，都是前一天和当天清晨的情况。自我监督表的某些内容，如晨脉、自我感觉、食欲等，必须每天填写。有的指标如体重，可以一周或半个月测一次。经常写训练日记的运动员，可每天把各项指标写在日记中，也可以用专门的自我监督表记录（表6-1）。

表 6-1　自我监督表

姓名：　　　　　　　　　　　　　　　　填写日期：　　年　　月　　日

类别	项目	自我监督结果
主观感受	运动心情	渴望训练　厌烦训练　一般
	自我感觉	良好　一般　疲劳
	睡眠	良好　入睡迟　失眠　持续 9 h
	食欲	良好　食量大　不佳　食量减少
	排汗量	一般　增多　夜间出冷汗
客观检查	脉搏	27 次/30 秒　节律齐　停跳
	体重	64 kg
其他：本栏可填写伤病情况和运动成绩		

注：各项指标现象，可用"√"样标记表示。

训练日记或自我监督表每天定时交教练员或医生审阅，最好在每天训练前提交，女运动员还要定期填写月经卡。

(二) 体格检查

体育运动参加者，尤其是参加系统训练的运动员，应定期进行比较全面的体格检查，以了解身体发育水平、健康状况和身体功能的变化以及判断训练方法是否正确，运动量是否合适等。

1. 体格检查的要求

(1) 初检：首次参加运动训练的人，包括将入队参加系统训练的新运动员，在开始训练前都应进行体格检查。通过检查，对被检查者过去和现在的健康状况、身体发育、功能水平进行全面的了解。初检结果对制订训练计划、选择训练方法有重要参考价值。

(2) 复查：对一般训练者可每半年或每年检查一次身体。运动员经一定时期训练后，须进行复查，检查时间可依训练期而定，一般可安排在每一训练期结束时。复查体格应与身体素质和专项成绩测验安排在同一时期，这样便于将医学生理指标检查结果与技术测验结果做对比。

(3) 补充检查：学生健康分组后转组时，运动员在参加重大比赛前，以及伤病痊愈重新参加训练前，都应作补充检查。

2. 体格检查的主要内容　体格检查内容依据检查时间不同而有不同要求，但初检必须包括以下几方面内容。

(1) 既往史：记载病历和运动史。

(2) 医学检查：

①一般检查：应包括身体各系统的物理检查，胸部 X 线检查，血、尿常规化验，以及心电图检查。根据设备条件，还可采用其他现代化医学检查，如超声心动图、脑电图等。

②直立姿势检查和形态测量：除三项基本发育指标（身高、体重、胸围）为必测项目外，对青少年和不同专项运动员，可根据要求选测其他指标。

(3) 功能检查:重点是心肺功能检查。可根据专项特点,选择检查方法。此外,还可根据需要进行生化检查。

复查的内容最好与初查时相同,但也可根据设备条件和需要,选择几种主要指标进行检查。补充检查的内容,可根据具体情况而定,如果只是想了解一下运动员身体功能状况(是否达到竞技状态或疑为过度训练),则只进行简易的心血管系统功能检查和心电图检查即可。必要时再做进一步检查。

知识拓展 6-1

第二节 运动员伤病管理

一、运动损伤的性质及一般规律

（一）运动损伤的性质

运动损伤从解剖角度可分为肌肉损伤、关节损伤、骨质损伤等。

1. 肌肉损伤 在肌肉损伤中,肌肉拉伤占第一位,主要发生在腰骶、臀、大腿等肌肉较多的部位;肌腱损伤占第二位,主要发生在腿部、肩部等部位;肌腱骨膜附着处损伤占第三位,主要发生在小腿、臀部等;腱鞘损伤占第四位,主要发生在足踝、手腕等部位。

2. 关节损伤 在关节损伤中,关节囊韧带损伤最多,主要发生在足踝关节、手腕关节、膝关节等部位。

3. 骨质损伤 骨膜损伤主要发生在足踝、腰骶等部位;骨折主要发生在手腕、足踝、肘关节等部位。从损伤的部位看,下肢骨质损伤最多,其次是躯干和上肢,最少的是头颈部。

（二）运动损伤的一般规律

不同运动项目有不同的运动损伤,并有明显的规律性。如铁饼运动员易患髌骨软骨病,跳高运动员易患髌尖痛,射击运动员易患脊柱侧凸,自由体操运动员易患跟腱断裂等。这种规律性损伤由两个因素决定,即运动技术的特殊要求与局部解剖的弱点。

二、猝死及猝死的预防

（一）猝死的概述

猝死也叫突然死亡,是指看似健康的人或病情经过治疗后痊愈或正在好转的患者,在很短的时间发生意想不到的非创伤性死亡,往往来不及救治。世界卫生组织(WHO)将猝死时间定为六个小时以内。而猝死高峰则是在发病后一个小时以内,因此一些心脏病学家认为发病后一个小时内死亡可作为猝死的标准。猝死的主要原因是心脏病,其中又以冠心病最常见。多数人猝死前无明显征兆,或在正常活动中,或在安静睡眠中。既往有过心绞痛发作史的患者,如果心绞痛突然加剧,表现为面色灰白、大汗淋漓、血压下降,特别是出现频繁的室性期前收缩,常为猝死先兆。有的患者出现原来没有的症状,如显著的疲乏感、呼吸困难、精神状态突变,随后,由于心脏停搏,神志不清,高度发绀,患者可很快进入不可逆的生物学死亡。

美国排坛天才海曼、我国征战在绿茵场上的曹春鹏等运动员的猝死，让人们知道了运动猝死的概念。他们的死亡，被一些人认为猝死只会发生在从事高强度运动的运动员中，实则不然，这个看似离我们很遥远的杀手，也威胁着普通人。其实运动员在运动场上的猝死仅仅是特殊的个例，虽然他们的死亡是在运动过程中出现的，但不能代表运动本身就是猝死的原因，只能说当时的运动，诱发了他们身体内的疾病。在参与运动训练的人群中，每年的运动猝死发生率约为1/250000。非运动员的发生率更高。

据专门从事此项研究的国家体育总局体育科学研究所徐昕介绍，导致运动猝死最常见的是心脏猝死，包括心肌梗死、先天性心脏病、心肌炎等。脑出血、中暑、呼吸系统疾病等都是导致运动猝死的病因。运动猝死最多发生在30岁以下人群，又以15～20岁年龄段更集中，男性猝死率大大高于女性。

（二）猝死的抢救

一旦发生猝死，呼吸、心跳停止，使血液循环中断、全身缺氧造成体内重要器官的损害。一般情况下，大脑耐受缺氧的时间仅5 min左右，如果超过这个时间就会有生命危险。所以，在患者猝死的现场应进行争分夺秒的抢救，这对患者的复苏起关键作用。具体方法是采用胸外心脏按压术和口对口人工呼吸。

1. 胸外心脏按压术 应首先就地对猝死患者进行心前区叩击，即用拳叩击患者的胸前乳头部位。叩击要求迅速有力。如第一次叩击无效，可连续叩击2～3次。叩击后马上实施胸外心脏按压术，按压部位在胸骨的下2/3处，按压时要用力均匀。方法是一只手以掌根放在患者胸骨下段，另一只手压在这只手的手背上，上下起伏垂直按压。向下按压时，要稍停片刻再放松，这样有助于心脏腔内血液的排空。胸外心脏按压术以能按到大动脉如股动脉搏动为准。成人每分钟按压80～100次。

2. 口对口人工呼吸 在用胸外心脏按压术抢救猝死患者的同时，要进行口对口人工呼吸。具体方法是使患者平卧，清除患者口中的异物，如呕吐物或假牙等，解开患者领口和腰带，使患者头部尽量后仰，救护者一手托起患者下颌，掌根部轻压环状软骨，使其间接压迫食管，以防吹入的空气进入胃内，另一只手捏紧患者双侧鼻孔，深吸一口气，以口唇与患者的口唇紧密接触后进行吹气。以12～16次/分为宜，每次吹气过程中可见患者胸部隆起。

（三）运动猝死的预防

运动猝死虽然可怕，但不等于要停止运动。这不应影响到人们的身体锻炼的积极性，相反，人们应积极参加活动，做到定期检查身体。

三、运动性损伤的易伤部位、原因与预防原则

1. 常见部位的运动损伤 常见部位的运动损伤见表6-2。

表6-2 常见部位的运动损伤

损　伤	原　因	易伤项目
肩袖损伤	肩旋转用力的各种动作，扭伤或劳损所致	吊环、高低杠、排球、标枪、手榴弹、抓举等

续表

损 伤	原 因	易伤项目
肩关节前脱臼	肩外展扑地或肩后受撞	排球、篮球、足球
肩胛上神经麻痹	排球扣杀损伤神经而引起冈下肌萎缩	排球、标枪
肱三头肌断裂	摔倒时屈肘支撑或肘尖撞地	摔跤、体操
肘内侧副韧带损伤	扭伤、劳损、高下法落地时肘屈曲位手掌支撑致受伤	标枪、手榴弹、体操、垒球
肘后滑囊炎	肘后撞地	足球守门
肱骨外踝炎（网球肘）	网球、羽毛球反拍扣杀、乒乓球反拍或下旋击球	网球、乒乓球、羽毛球
肘关节脱臼	肘过伸时支撑受伤	单杠及其他项目摔倒时皆可受伤
肘的骨关节病	扭伤或劳损	标枪、垒球、体操
指间关节扭伤和侧韧带断裂	指侧面受击	篮球、排球、手球
腕舟状骨骨折	腕过伸位支撑或守撞，如摔倒	体操、足球和其他
掌骨或指骨骨折	挫伤	排球、篮球、手球
桡骨远端骨折	摔倒掌扑地	初学滑冰者
腰肌拉伤或扭伤	脊柱过伸受伤	体操、排球
棘间韧带损伤	脊柱过伸受伤	体操、排球
颈椎间盘脱出和颈椎病	颈屈伸劳损	体操、跳水、排球
股骨小转子末端病或髂腰肌腱止点位伤	跨栏时拉伤（后腿）	跨栏
股骨大转子滑囊炎	顶撞或慢性劳损	中长跑、足球射门
膝内侧副韧带损伤	膝半屈位外翻	篮球、排球、足球、体操
前十字韧带断裂，后十字韧带断裂	膝半屈位过度内翻或外翻，膝过伸或屈曲位颈前守撞	篮球、排球、足球、体操
膝盖半月板损伤	膝扭转、过伸或过屈	篮球、排球、足球、体操
膝联合损伤（前三者同时损伤）	膝半屈位突然内翻或外翻	篮球、排球、足球、体操
胫骨结节软骨炎	发生在学龄儿童，跳跃或踢球过多	篮球、武术、体操
膝关节骨软切线骨折	同上，或跪地属急性损伤，关节有带油滴的积血	篮球、排球、足球、体操
跟腱断裂	毽子或垛子空翻，踝于背伸拉起跳	体操、篮球、短跑等

续表

损伤	原因	易伤项目
踝骨关节病	踝扭伤后踝过度伸和内外翻扭转过多,逐渐劳损造成	足球、篮球、体操
踝的骨折	内旋或外旋(小腿)过伸或过屈	各项运动意外时都能致伤

2. 运动损伤的预防原则 加强思想教育及训练工作,做好准备活动,加强运动中的保护与自我保护,加强医务监督和注意设备卫生要求,加强易伤部位的训练。

四、运动性损伤及原因

体育运动过程中所发生的损伤,称为运动性损伤。运动性损伤是在参加体育活动时经常遇到的问题,了解运动性损伤的原因和特点,掌握一定的预防措施和处理方法,可指导我们安全地进行运动训练,最大限度地避免或减少运动性损伤的发生。当发生一般性的运动损伤时,正确地处理可以减少并发症和痛苦,加快损伤的康复。对于严重的损伤,及时、正确的临时性处理,可为转送医院做进一步的治疗创造条件,这对挽救伤者的生命具有十分重要的意义。

造成运动性损伤的原因是复杂的、多方面的。其主要原因有以下几点。

1. 思想麻痹大意 这是出现运动性损伤的主观原因,也是最重要的因素。包括对预防损伤的意义认识不足,放松警惕;运动前不检查器械,预防措施不力;好奇、好胜,盲目或冒失地进行运动。

2. 准备活动不当 因不做准备活动或者准备活动不充分;没有根据专项运动的特点进行准备活动,使机体未能进入工作状态;身体的柔韧性、协调性和灵活性较差而致伤。

3. 缺乏运动经验与自我保护能力 在运动训练中当出现意外情况时不知道如何处理,惊慌失措或缺乏自我保护的经验是造成损伤的原因之一,如游泳时出现肌肉痉挛或意外摔倒时,如果缺乏经验或自我保护的常识就很容易发生伤害事故。

4. 技术上的缺点和错误 技术动作不正确,往往造成局部受力过大或身体失去平衡和控制,从而造成损伤。

5. 运动训练计划的安排不合理 运动训练的运动负荷安排过大,尤其是局部负担过重,是造成运动损伤的原因。身体过于疲劳,技术动作就会出现错误或变形,身体的协调性和反应速度也会下降,因此容易发生损伤和意外事故;而长期局部负担过重,会使局部发生劳损。另外,当身体功能状态不良时,人体的运动能力减弱,如果运动训练计划和安排不能根据身体状态而调整,即可能发生伤害事故。

6. 组织安排不严密 在进行运动训练时如果组织不严密,就会出现拥挤混乱的情况,可能造成伤害;或因场地、器材、时间安排不合理亦能发生伤害事故。

7. 运动环境不好 运动场地狭窄,不平整,有行人及过往车辆;器械安装不稳固,位置不恰当;运动时服装或鞋不合适;气温或光线不良都可能造成运动伤害。

五、运动损伤的急救

为了抢救生命,缩短病程,减少后遗症,急救要及时和准确。一旦发生伤害事故,应立即做出初步诊断。首先检查脉搏、呼吸、瞳孔及神志。由头至足检查,检查四肢能否活动,口鼻耳有无出血和脑脊液外流。做出正确诊断后,及时运用包扎止血、固定、搬运、抗休克、保持呼吸道畅通等急救技术进行现场处理,随后送往医院进一步治疗。

1. 出血 抬高伤肢,加压包扎,加垫,屈肢或间接指压止血。

2. 休克 清醒者可平卧,止血包扎。昏迷者应侧卧或俯卧以防呕吐物误吸入气管而窒息。可针刺或指按人中、百会、内关等穴位。

3. 关节脱位 立即用夹板和绷带在脱位所形成的姿势下固定伤肢。

4. 骨折 用夹板、绷带把折断的部位固定、包扎,使伤部不再活动。腰椎骨折患者必须由3~4人同时拖住头、肩、臀和下肢,把伤者身体平托起来,放在平板担架上,伤者最好俯卧。颈椎骨折患者由3人搬运,其中一人专管头部的牵拉固定,使头部与身体成直线位置而不摇动,仰放在硬板上,在颈下放一小垫(不用枕头),头颈两侧要垫好,禁止晃动,并速送医院。

六、常见运动损伤的防治

(一)闭合性软组织损伤

软组织损伤通常是指皮下组织、筋膜、肌肉、肌腱、滑膜、关节囊等软组织及部分软骨、周围神经和血管的损伤。分闭合性软组织损伤和开放性软组织损伤两种,其中闭合性软组织损伤给组织细胞造成一定的损害,是运动中的主要伤害。

1. 原因与机制 闭合性软组织损伤常由钝性暴力所致,受伤部位局部皮肤保持完整而无开放性伤口。如拉伤、扭伤、外力碰撞伤等。

2. 症状 ①局部疼痛、肿胀、皮肤青紫、皮下淤血或血肿;②患肢或患部功能活动受限。

3. 处理 较轻的软组织损伤一般不需特殊处理,若软组织损伤较重,早期可作局部冷敷,局部亦可用弹力绷带加压包扎,抬高伤肢,24 h(重者48 h)后改为热敷、理疗、按摩、中药烫洗或红外线照射等,同时口服消炎止痛药。

4. 预防 加强保护与自我保护,穿戴好保护装置,禁止粗野动作。

(二)肌肉拉伤

1. 原因和机制 运动训练中做各种动作时,肌肉主动猛烈地收缩,超过了肌肉本身的负荷,造成过度拉长,从而发生肌肉拉伤。

2. 症状 ①局部疼痛、压痛、肿胀;②肌肉紧张、发硬、痉挛;③功能障碍。

3. 处理 ①冷敷、加压包扎;②48 h后按摩、理疗。

4. 预防 ①加强屈肌和易伤肌肉的力量和柔韧性练习;②做好准备活动,纠正错误动作。

(三)肩袖损伤

肩袖损伤又称冈上肌腱炎,是指肩部肩袖、韧带及滑囊等的创伤性炎症。多见于标枪、手榴弹、排球、体操及举重项目。

1. 原因与机制 ①转肩或摔倒时上肢撑地用力较大所致;②当肱骨头急剧转动时,肱骨大结与肩峰及喙肩韧带突然或反复摩擦所致。

2. 症状 ①肩反弓痛、外展痛、内收痛、内外旋痛以及抗阻痛；②肩部疼痛，活动受限，局部压缩，肌肉萎缩。

3. 处理 ①肩部休息、按摩、理疗、针灸；泼尼松龙与普鲁卡因痛点注射；②外敷、内服跌打损伤药物；③必要时需进行手术修复。

4. 预防 ①加强三角肌肌力练习，方法是肩外展90°位做负重练习；②加强肩的灵活性练习；③纠正错误的技术动作。

（四）肩关节脱位

肩关节脱位占全身关节脱位的40%以上，在运动中占脱位的第二位。肩关节脱位分前脱位和后脱位两种，以前脱位较多见。

1. 原因和机制 ①直接或间接暴力均可引起，以间接暴力多见，当上臂外展跌倒时手掌先着地，暴力经手掌传至肱骨头，使其冲破关节囊前壁，致使肩关节前脱位；②直接暴力所致的脱位，均为暴力在肱骨头外后部直接打击，使肱骨头向前脱位，这种脱位较少见。

2. 症状 ①患肩疼痛、肿胀及活动受限等功能障碍；②肩峰有突出，呈方形肩，上臂呈明显的外展、内旋畸形；③患肢肘部贴近胸部时手掌不能摸到对侧肩部；④患侧肩峰至肱骨外踝的长度较健侧长。

3. 处理 肩关节脱位要及时用手法复位。

（1）转复位法：患者仰卧位，患侧肘关节屈曲90°，如右肩脱位，施术者右手握患侧肘上，左手握腕部，右手向下牵引患肢上臂，在持续牵引下，将患肢上臂外旋内收，肘部与前胸部接触，听到响声即证明已复位，再将上臂内旋。若患侧手掌能搭到对侧肩部，表明复位成功。操作中要注意手法轻柔，切忌用力过猛。

（2）手牵脚蹬复位法：患者侧卧位，施术者立于患侧，面向患者头部，两手握住患肢腕部外旋牵引，同时将自己靠近患者的足跟伸到患肢腋窝部，渐渐用力蹬腋窝。施术者手牵足蹬同时用力，足跟挤压肱骨头，使其复位。操作中要避免牵引时过早内收，以防肱骨头外科颈发生骨折。

（五）网球肘

1. 原因与机制 腕关节反复用力伸屈，前壁反复旋前、旋后，使肌腱纤维受到反复牵扯而发生劳损。如网球、乒乓球运动中的下旋、反拍回击球。

2. 症状 ①无明确受伤史而逐渐发生肘外侧疼痛；②用力伸腕与前臂用力旋前、旋后时出现局部疼痛；③患侧手的力量减弱，持物不牢，提重物、拧毛巾时肘外侧疼痛尤为显著。

3. 处理 ①按摩、理疗、针灸；②泼尼松龙痛点注射，外敷中药；③保守治疗无效时应手术治疗。

4. 预防 加强腕部力量训练，防止前臂肌肉疲劳积累，做好准备活动，提高肌肉的反应能力，正确掌握技术动作。

（六）肘关节脱位

肘关节脱位占关节脱位的第一位，多由于暴力所致，分前脱位、后脱位、侧脱位三种，其中后脱位较常见。

1. 原因与机制 跌倒时手着地,肘关节伸直位前臂旋后,来自地面的反作用力使肘关节过伸,造成尺骨鹰嘴向后移位,而肱骨下端向前移位时肘关节后脱位。

2. 症状 ①肘关节肿痛,关节强直于半屈位状,伸屈活动受限;②肘关节变形,前臂缩短。

3. 处理 损伤发生后应先按脱位的急救方法进行紧急处理,随后送医院治疗。下面介绍两种肘关节后脱位的复位方法。

(1) 单人复位法:患者正坐靠墙,施术者立于伤侧前面,用同侧膝部顶在肘窝内,一手握住并固定上臂,另一手握住腕部向下牵引,先使鹰嘴离开肱骨下部,再逐渐屈曲肘部,鹰嘴与桡骨小头即见滑回原位,听到复位声,伤肢手可触及同侧肩,即为复位成功。

(2) 两人复位法:患者取坐位,助手双手紧握患肢上臂,施术者一手握住腕部牵引,并将肘关节屈曲 60°~90°,同时另一手拇指在肱骨下端向后用力,中食指向前扣搬尺骨鹰嘴,即可复位。复位后用石膏托固定为 90°位,3 周后拆除石膏,进行功能锻炼。

(七) 腰部扭伤

1. 原因与机制 常为负荷重量过大,强行用力,肌肉突然剧烈收缩引起关节韧带、肌肉附着区的损伤所致;其次见于脊柱过度全屈,突然转体,脊柱超常范围运动而扭伤;再者为技术动作错误。

2. 症状 ①轻度扭伤,患处隐痛,随意运动受限,24~28 h 后疼痛达到最高峰;②棘上韧带与棘间韧带扭伤,受伤当时即感到局部突然撕裂样疼痛;筋膜破裂,伤处有明显的压痛点,弯腰和腰扭转时疼痛较重;③小关节绞锁,受伤当时即有腰部剧烈疼痛,呈保护性强迫体位,不敢做任何动作。

3. 处理 ①卧于有垫子的木板床短期休息;②按摩,理疗,局部泼尼松龙注射;③内服活络止痛药,外贴活络止痛膏。

4. 预防 ①运动时注意力集中,对所承担的负荷和动作要有思想准备,做好准备活动;②掌握正确技术动作;③加强腹肌的力量与伸展性训练;④必要时用宽腰带保护。

(八) 膝关节侧副韧带损伤

1. 原因和机制 膝关节在半屈位因动作力量过大或暴力撞击,小腿突然外展和外旋或大腿突然内收内旋,可伤内侧副韧带。小腿突然内收或内旋或大腿突然外展外旋,可伤外侧副韧带。可分为部分纤维过度牵扯、部分断裂、完全断裂三种。

2. 症状 ①局部疼痛(膝关节不敢伸直);②肿胀(伤侧明显);③功能障碍;④局部剧痛并见淤斑。

3. 处理 ①做内外翻试验,确定内侧或外侧韧带损伤;②韧带轻微撕裂,同急性软组织损伤处理;③部分断裂可冷敷,局部固定(小夹板或弹力绷带),2~3 天后除去压迫材料,开始热敷,按摩;④理疗,外敷创伤药,口服活血化淤、消肿止痛药。

4. 预防 加强膝部肌肉力量练习,掌握动作要领,加强保护,禁止粗野动作。

(九) 半月板损伤

1. 原因和机制 由于摔倒、动作落地不稳或暴力,膝关节在屈曲位突然拧转挤压造成,膝关节猛力过伸如足球正脚背踢球时"漏脚"也可引起。在篮球、排球、足球、体操、铁饼、链球、举重等项目多见。

2. 症状 ①走路时,特别是上下楼梯时,膝关节发软;②行走时,突然出现"绞锁"现象,即膝关节被卡住不能伸屈。

3. 处理 ①若症状轻微,给予理疗、按摩、泼尼松龙局部注射,并改变错误的技术动作;②若症状明显,应尽早手术治疗。

4. 预防 ①加强膝部肌肉力量训练;②加强膝关节灵活性和协调性训练;③做好准备活动。

(十) 踝关节扭伤

踝关节扭伤在关节韧带损伤中占第一位,多在田径、球类、冰雪、体操运动中常见。

1. 原因和机制

(1) 内翻型:因足部强力内翻而损伤踝部的外侧副韧带。在运动中身体失去重心或在运动中被踩、被绊等都可能产生内翻而损伤踝部的韧带。

(2) 外翻型:足部强力外翻而损伤踝部的内侧三角韧带。此损伤尽管比较少见,但一旦损伤,常同时合并其他韧带损伤或骨折,伤情比较严重。

(3) 外旋型:足部猛力外旋所致,常见于滑雪运动项目中。

2. 症状 ①疼痛,肿胀;②皮下淤血、压痛明显。

3. 处理 ①用拇指指腹压迫痛点止血,局部冷敷,加压包扎;②24 h以后(重者48 h后)可外敷中药;③每24 h换一次,并可口服消炎及跌打损伤药物;④理疗、针灸、按摩;⑤韧带断裂或骨折时,经现场急救处理后及时送医院治疗。

4. 预防 ①加强踝部周围肌肉力量和协调性训练,做好准备活动;②保护关节,防止反复损伤导致足球踝;③有扭伤病史者在运动时用弹力绷带作"8"字包扎保护。

知识拓展
6-2

思考题
答案

思考题

1. 一般体格检查包括哪些内容?
2. 运动损伤常见的原因有哪些?
3. 运动员常见的伤病有哪些?
4. 腰部运动损伤常见的原因及其防治有哪些?

实训三 总结身体素质训练

【技能目标】

(1) 对自身的某一项身体素质在训练后进行总结。
(2) 更好地了解自身身体素质的变化。
(3) 为下一步身体素质训练提供指导。

【场地及设备】

场地:实训室、操场。

设备:PT训练床、沙袋、哑铃、皮尺、角度尺、体重秤、秒表以及相关单项训练所需要的体育器材设备等。

【实训方式】

(1) 由老师和学生共同参与,指出总结训练的要点和重要性。

(2) 将学生按训练的相关内容分为若干组,每组学生对自己的某项身体素质进行总结与规整。

(3) 要求老师按照相关的训练项目,让每组学生明白训练的成果、注意事项和是否调整训练方法,确保每位学生明白怎么去总结自己的训练,并为下一步训练提供指导。

(4) 要求每组学生间相互操作训练、相互监督、认真填写"身体素质训练记录"(表6-3)。

(5) 老师每周定期监督,随时纠正互相检查总结过程中出现的各种错误。

表 6-3 身体素质训练记录

姓名:　　　　学号:　　　　班级:

周次	日期	训练项目		训练过程调整情况	训练后总结
		原始记录			
		进阶记录			
1st					
2nd					
3rd					
4th					
5th					

续表

周次	日期	训练项目	训练过程调整情况	训练后总结
6th		原始记录		
		进阶记录		

【实训内容与方法】

一、肌肉力量训练总结

力量素质发展水平是影响身体训练水平的关键因素。在实施发展力量素质过程中为达到优化控制,取得事半功倍的效果,必须注意如下几点。

(一) 力量素质的发展要全面而又有重点

在发展力量素质的过程中,一方面应使四肢、腰、腹、背、臀等部位在大肌群和主要肌群得到锻炼、提高,另一方面也要注意发展那些薄弱的小肌群的力量。

(二) 练习时要使肌肉处于最适初长度,练习后要使肌肉充分放松

每次练习时,应使关节处于中间位,然后主动收缩肌肉。因为肌纤维被拉长到最适初长度可以增大收缩的力量,同时又可保持肌肉良好的弹性和收缩速度。

力量练习以后,肌肉通常会出现酸痛,这时应做一些与力量练习动作相反的拉长动作,或者做一些按摩、抖动,使肌肉充分放松。这样既可加快疲劳的消除,促进恢复,又可防止关节柔韧性因力量训练而下降,同时也有助于保持肌肉良好的弹性和收缩速度。

(三) 进行力量练习时,要全神贯注,念动一致,注意安全

肌肉活动总是在中枢神经系统的调节下进行的,练习时要全神贯注,练习哪里就想到哪里,使意念活动与练习动作紧密配合,保持一致。这样有助于肌肉力量得到更好的发展。

(四) 紧密结合专项特点安排力量训练,注意正确的技术动作规格

不同的专项动作有各自不同的技术结构,要求参加工作的肌群力量也不同。如跑步,要求竭尽全力连续快速蹬地获得向前推进的力量;投掷要求竭尽全力使运动器械获得最大加速度的爆发力量;体操项目既有慢起用力动作,又充满爆发力的推手、踏跳,还有回环力、翻转力等动作。因此,力量训练时首先要根据专项技术的动作结构来选择恰当的练习,以发展有关的肌群力量。

(五) 进行力量训练时,要掌握正确的呼吸方法

由于憋气有利于稳定脊柱,提高腰背肌紧张程度,因此可提高练习时的力量,所以极限用力往往要在憋气的情况下进行。有的学者进行背力测定研究发现,如一人憋气时背力最大为 133 kg;在呼气时为 129 kg;而在吸气时力量最小,为 127 kg。虽然憋气

可提高练习时的力量,但用力憋气会引起胸廓内压力的提高,使动脉的血液循环受阻,而导致脑缺血,甚至会产生休克。

(六)训练中要采用大负荷与循序递增负荷

大负荷是指训练的负荷强度和训练总量,一般要用学生所能承受的最大负荷或接近最大负荷来进行训练。因为采用大负荷能迫使肌肉进行最大收缩,能刺激人体产生一系列的生理适应性变化,从而导致肌肉力量的增加。为了达到大负荷,训练时无疑要保持较大的强度,或者要保持较大的数量(次数和组数)。

(七)力量素质训练要系统科学安排,不间断

科学研究表明,力量增长得快,停止训练后消退得也快。停止力量训练后,已获得的力量将会按增长速度的三分之一消退。通过训练获得的力量,停止训练后虽然会逐渐消退,但一部分力量会保持很久,甚至会永远保持下来。然而,发展力量素质练习不宜在疲劳的状态下进行,这种状态下的练习不是发展力量,而是发展耐力。

(八)要偏重摆动的动力性练习

在进行发展力量素质练习时,要偏重于摆动的动力性练习,尤其要注意动作的振幅。这样做可使学生获得用力感和速度感,增强技术动作力量,培养快速完成动作的能力,同时也改进了关节的灵活性。为了增大动作的振幅,要注意结合肌肉的放松和伸展练习,以使肌肉保持弹性和柔韧性。

二、肌肉耐力训练的总结

肌肉耐力训练需要明确自己的运动能力,为自己制订合理的训练计划,对自己的训练效果进行评价。

(一)肌肉耐力

肌肉要维持长时间的收缩,无论是等长收缩还是等张收缩,都需要充足的能量和正常的神经支配。导致肌肉耐力下降的因素如下。

(1)心脏或肺功能减退。

(2)严重创伤或因疾病需卧床休息。

(3)因疼痛、无力、畸形、使用假肢和支具而产生无效的生物力学调整反应。

(4)中枢神经系统病变。

(5)周围神经系统病变。

(二)测试的比较

测试肌肉耐力时应保持测试环境与时间节点的一致性,这样可以估计学生的进步情况。

(三)注意事项

(1)训练超量指训练量超过学生心肺功能极限。

(2)训练中出现呼吸困难、虚弱无力、感觉改变、心绞痛、心律失常、面色苍白、发绀,应该立刻停止训练。

(3)训练效果的出现:如训练时学生的心率比训练前做同等运动量时降低,说明其

心率储备增加。测试活动的强度及训练强度可逐渐增加,一直到满足学生期望恢复的需求。

三、关节柔韧性训练总结

1. 制订适宜的训练计划和方案　柔韧性提高是一个缓慢的过程,老师应根据学生的特点制订适宜的训练目标和计划,系统地循序渐进地提高学生的柔韧性。

2. 柔韧性训练前做好适宜的活动　骨骼肌的伸展性与温度有很大的关系,经过适宜的活动再进行拉伸练习,可提高训练效率,减少运动损伤。准备活动主要包括一般性的有氧运动,如下肢参与的快走、慢跑,上肢可做一些俯卧撑和哑铃的侧上举、侧平举等。

3. 选择正确姿势　进行柔韧性训练时,首先明确训练哪个关节,此关节哪块肌肉的伸展性,然后选择正确的姿势进行训练。正确的姿势是指肌肉拉长的长度可以自己控制,进行目标肌肉拉伸时其他肌肉不会受到牵连和损伤。老师一定要为学生选择最适宜的拉伸动作,才能达到相应的训练效果。

4. 缓慢、轻柔、重复　按照选择的动作进行柔韧性训练时,相应的肌肉被拉伸,这时注意拉伸动作应该缓慢、轻柔,因为肌肉受到牵拉时,肌肉中的长度感受器被激活,肌肉产生牵张反射,骨骼肌开始收缩产生力量,抵抗拉伸的动作。肌肉被拉伸的速度越快、幅度越大,牵张反射就越剧烈。采用缓慢、轻柔的肌肉静态拉伸,肌肉的牵张反射的强度小,并且超过 20 s 时肌肉牵张反射消失,肌肉容易被拉伸。反之,快速、用力的拉伸动作使肌肉的牵张反射强度大,肌肉不容易被拉伸,如果强迫拉伸,肌肉在收缩状态下被迫拉伸,极容易拉伤肌肉,应该严格禁止。

5. 静态拉伸为主的原则　学生柔韧性练习,应该采取以静态拉伸为主的原则,因为做静态拉伸动作时容易控制拉伸的幅度,使静态拉伸保持到合适的幅度(学生柔韧性练习的最重要的原则之一)。

四、短跑训练总结

快速力量是短跑运动专项力量中最典型、最重要的一种力量。快速力量的发展以最大力量训练为基础。这是因为最大力量训练有助于使高速运动的快肌纤维增粗。从这个意义上讲,最大力量训练应是快速力量训练中的一个重要组成部分。

另外,短跑的速度力量具有需要持续保持的特点。从这个意义上讲,速度力量的保持能力(快速力量耐力)亦应是快速力量训练中的一个重要组成部分。

要充分认识摆动技术原理,利用以髋为轴的高速摆动力量,提高快速放松跑的能力。重视爆发力、反应力量的练习,重视专项力量的练习,是提高短跑成绩的有效途径。现代短跑的专项力量训练方法在不断地发展,对短跑运动的特征、有效跑动技术的深入研究,使得人们对短跑运动专项特征的认识有了新的突破。

五、控制体重训练总结

控制体重训练任务是让学生通过科学的运动训练结合饮食控制,达到减轻体重的目的。在实际生活中,控制体重训练主要应用于以减肥为目标的群体。运动性减肥通过训练增加能量的消耗,同时辅以合理的饮食调控,往往可获得较佳的减肥效果。

实训过程中的注意事项如下。

(1) 在进行有氧运动前应做准备活动,运动结束后还要进行适当的放松。

(2) 有氧运动强度一般控制在最大摄氧量的70%以下,运动时间每次不得少于30 min。运动次数可每天1次,若属于重度肥胖或肥胖并伴随有一些疾病,可隔天运动。体重过大者应避免负重练习,以免造成下肢各关节过大负荷后的损伤。

(3) 运动减肥一定要持之以恒,在选择训练项目时应选取学生喜欢的运动项目。运动减肥切忌操之过急,有氧运动减肥只有坚持运动6~8周,才能达到较为理想的效果。

(4) 如果运动时间过长,还应注意适当补充水分及无机盐,由于运动大量排汗,引起部分水分及无机盐的流失。因此,运动中及运动后应及时补充水分及无机盐。

(5) 在坚持有氧运动减肥的同时,配合适当的饮食控制(控制高脂饮食)非常重要,尤为重要的是避免摄入动物脂肪,从而避免饮食造成的脂肪正平衡。只有这样才能早日达到理想体重。

参考文献

[1] 国家体育总局干部培训中心.高水平竞技运动科学训练研究[M].北京:北京体育大学出版社,2008.

[2] 陈小平.竞技运动训练实践发展的理论思考[M].北京:北京体育大学出版社,2008.

[3] 田麦久.运动员多年训练研究文集[M].北京:人民体育出版社,2010.

[4] 冯炜权,谢敏豪,王香生,等.运动生物化学研究进展[M].北京:北京体育大学出版社,2006.

[5] 谢敏豪,林文弢,冯炜权.运动生物化学[M].北京:人民体育出版社,2008.

[6] 尹宪明.运动学基础[M].北京:人民卫生出版,2010.

[7] 周士枋,丁伯坦.运动学[M].北京:华夏出版社,2006.

[8] 曲绵域,于长隆.实用运动医学[M].4版.北京:北京大学医学出版社,2003.

[9] 相建华,田振华.老年人健身锻炼法[M].北京:金盾出版社,2000.

[10] 林耿明.中老年人运动指南[M].北京:中国医药科技出版社,2013.

[11] 杨静宜,徐峻华.运动处方[M].北京:高等教育出版社,2005.

[12] 董晓虹,郭海英.实用运动处方[M].杭州:浙江大学出版社,2008.

[13] 纪树荣.运动疗法技术学[M].2版.北京:华夏出版社,2011.

[14] 赵琳,高楠楠.高血压病运动疗法研究进展[J].中国疗养医学,2011,20(12):1062-1064.

[15] 谢琳刚.高血压的运动疗法[J].中国疗养医学,2011,20(03):248-250.

[16] 吴毅,李洋,孙莉敏,等.高血压患者的康复评定与康复治疗[J].中国临床康复,2003(12):1812-1813.

[17] 励建安.冠心病的运动疗法[J].现代康复,2001(5):7-9.

[18] 陆晓,郑瑜.冠心病康复治疗[J].中国实用内科杂志,2012,32(9):656-659.

[19] 徐桂兰.呼吸训练对老年慢阻肺患者的康复疗效[J].中国伤残医学,2008(5):88-89.

[20] 李水轩,李雪华,宋玉梅.呼吸运动训练对冠心病康复期患者运动耐力影响的研究[J].护士进修杂志,2013,28(10):875-877.

[21] 杨伟光,吕国良.老年高血压康复治疗的现状[J].中国康复,2005(4):244-246.

[22] 符俏,黄仲生,吴智勇,等.老年人高血压康复治疗的疗效观察[J].岭南心血管病杂志,2003(6):423.

[23] 马娜,张艺宏,于凤梅.六种常见慢性病的运动干预[J].四川体育科学,2010(3):36-40+47.

[24] 赵晓霞,何海燕.慢性病及其康复[J].中国康复医学杂志,2003(7):63-64.

[25] 段纪俊,施侣元.慢性病流行状况、趋势与误区[J].国外医学(社会医学分册),2005(4):177-179.

[26] 励建安,万春晓.内脏疾病康复现状[J].中国实用内科杂志,2012,32(9):650-652.

[27] 黄玉山.运动处方理论与应用[M].3版.桂林:广西师范大学出版社,2013.

[28] 关辉.体育运动处方及应用[M].北京:北京师范大学出版社,2010.

[29] 李放.截肢患者的康复评定与治疗[J].中国临床康复,2003(29):3994-3995.

[30] 田慧中.我国脊柱畸形治疗发展史[J].中国矫形外科杂志,2009,17(9):706-707.

[31] 常冬梅,纪树荣,郭辉,等.运动疗法对大腿截肢患者的疗效探讨[J].中国康复理论与实践,2002(3):48.